무명

이광수

꿈 / 옥수수

SR&B(새로본닷컴)

김홍도의 〈군선도〉

〈베스트 논술 한국대표문학(전60권)〉을 펴내며

어린 시절의 독서는 평생의 이성과 열정을 보장해 줄 에너지의 탱크를 채우는 일입니다. 인생의 지표를 세울 수 있는 가장 믿을 만한 방법이기도 합니다.

새로 접하는 사물의 이치를 터득하려면 그 정보를 대뇌 속에 담는 프로그램이 마련되어 있어야 합니다. 그 프로그램을 구축하는 가장 효과적인 방법이 지속적인 독서입니다. 독서는 책과 나의 쌍방향적인 대화이며 만남이며 스킨십입니다.

그러나 단순한 독서만으로는 생각하는 힘과 정확히 표현하는 힘을 키울 수 없습니다. 〈베스트 논술 한국대표문학〉은 이에 유의하여 다음과 같이 편찬하였습니다.

① 초·중·고 교과서에 실린 고전 및 현대 문학 작품부터 〈삼국유사〉, 〈난중일기〉, 〈목민심서〉 등 우리의 정신을 일깨워 주고 우리에게 지혜와 용기를 준 '위대한 한국 고전'에 이르기까지 한 권 한 권을 가려 뽑았습니다.

② 각 권의 내용과 특성을 분석하여, '작가와 작품 스터디', '논술 가이드' 등을 덧붙여 생각하는 힘, 표현하는 힘을 키울 수 있도록 각 분야의 권위 학자, 논술 전문가들이 심혈을 기울였습니다.

③ 특히 현대 문학 부문은 최근 학계에서, 이 때까지의 오류를 바로잡아 정확한 텍스트를 확정한 것을 반영하였고, 고전 부문은 쉽고 아름다운 현대 국어로 재현하였습니다.

④ 각 작품에 관련된 작가의 고향을 비롯한 작품의 배경, 작품의 참고 자료 등을 일일이 답사 촬영하거나 수집·정리하여 화보로 꾸몄고, 각 작품의 갈피갈피마다 아름다운 그림을 넣어, 작품에 좀더 친근감 있게 접근할 수 있도록 하였습니다.

이 〈베스트 논술 한국대표문학〉이 여러분이 '큰 사람', '슬기로운 사람'이 되는 데 충실한 밑거름이 되기를 바랍니다.

〈베스트 논술 한국대표문학〉 편찬위원회

집필하는 이광수

30대의 이광수

이광수의 가족과 친구

40대의 이광수

경성 제국 대학 학생들과 이광수

이광수가 직접 지은
자하문 밖 홍지동 산장

문인들과 함께 한 이광수(왼쪽)

이광수의 〈사랑의 동명왕〉과 〈단종 애사〉
가 실린 한국 역사 소설 전집

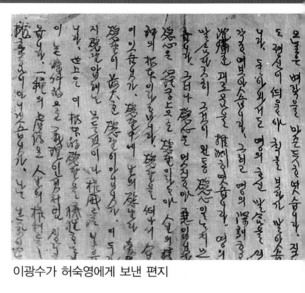

이광수가 허숙영에게 보낸 편지

서재필 박사 환국 기념 모임에 참석한 이광수(앞줄 왼쪽 두 번째)

현진건과 함께한 이광수(오른쪽)

〈꿈〉 시사회에 참석한 이광수

경기도 광릉의 봉선사에 세워져 있는 이광수 기념비

이광수 기념비

차례

무명

무명

입감한 지 사흘째 되던 날, 나는 병감으로 보냄이 되었다. 병감이라야 따로 떨어진 건물이 아니고, 감방 한편 끝에 있는 방들이었다. 내가 들어간 곳은 일방이라는 방으로, 서쪽 맨 끝방이었다. 나를 데리고 온 간수가 문을 잠그고 간 뒤에 얼굴 희고, 눈 맑스그레한 간병부가 나더러,

"앉으시거나, 누시거나 자유예요. 가만가만히 말씀도 해도 괜찮아요. 말소리가 크면 간수헌테 걱정 들어요."

하고 이르고는 내 번호를 따라서 자리를 정해 주고 가 버렸다. 나는 간병부에게 고개를 숙여 고맙다는 뜻을 표하고 나보다 먼저 들어와 있는 두 사람을 향하여 고개를 숙여서 인사를 하였다.

이 때에 바로 내 곁에 있는 사람이 옛날 조선식으로 내 팔목을 잡으며,

"아이고 진상이시오. 나 윤××이에요."

하고 곁방에까지 들릴 만한 큰 소리로 외쳤다.

나도 그를 알아보았다. 그는 C경찰서 유치장에서 십여 일이나 나와 함께 있다가 나보다 먼저 송국*된 사람이다. 그는 빼빼 마르고 목소리만 크고 말끝마다 ×대가리라는 말을 쓰기 때문에 같은 방 사람들에게 ×대가리라는 별명을 듣고 놀림감이 되는 사람이다. 나는 이러한 기억이 날 때에 터지려는 웃음을 억제하기가 매우 어려웠다. 윤씨는 옛날 조선 선비들이 가지던 자세와 태도로 대단히 점잖게, 내가 입감된 것을 걱정하고, 또 곁에 있는 '민'이라는, 껍질과 뼈만 남은 노인에게 여러 가지 칭찬하는 말로 나를 소개하고 난 뒤에 퍼런 미결수 옷 앞자락을 벌려서 배와 다리를 온통 내어 놓고 손가락으로 발등과 정강이도 찔러 보고 두 손으로 뱃가죽을 잡아당겨 보면서,

"이거 보세요. 이렇게 전신이 부었어요. 근일에 좀 나린 것이 이 꼴이오. 일동 팔방에 있을 때에는 이보다도 더했는디."

전라도 사투리로 제 병증세를 길다랗게 설명하였다. 그는 마치 자기가 의사보다 더 잘 자기의 병증세를 아는 것같이, 그리고 의사는 도저히 자기의 병을 모르므로 자기는 죽어 나갈 수밖에 없노라고 자탄하였다. 윤씨 자신의 진단과 처방에 의하건댄, 몸이 부은 것은 죽을 먹기 때문이요, 열이 나고 기침이 나고 설사가 나는 것은 원통한 죄명을 쓰기 때문에 일어나는 화기*라고 단언하고, 이 병을 고치자면 옥에서 나가서 고기와 술을 잘 먹는 수밖에 없다고 중언부언한 뒤에 자기를 죽이는 것은 그의 공범들과 의사 때문이라고 눈을 흘기면서 소리를 질렀다.

윤씨의 죄라는 것은 현모, 임모 하는 자들이 공모하고 김모의 토지를 김모 모르게 어떤 대금업자에게 저당하고 삼만여 원의 돈을 얻어 쓴 것이라는데, 윤은 이 공문서·사문서 위조에 쓰는 도장을 파 준 것이라고 한다. 그는,

---

* 송국(送局) 송청. 수사 기관에서 피의자를 사건 서류와 함께 검찰청으로 넘겨 보내는 일.
* 화기(火氣) 가슴이 번거롭고 답답해지는 기운.

"현가놈은 내가 모르고, 임가놈으로 말하면 나와 절친한 친고닝게, 우리는 친고 위해서는 사생을 가리지 않는 성품이닝게, 정말 우리는 친고 위해서는 목숨을 아니 애끼는 사람이닝게, 도장을 파 주었지라오. 그래서 진상도 아시다시피 내가 돈을 한 푼이나 먹었능기오? 현가놈, 임가놈 저희들끼리 수만 원 돈을 다 처먹고, 윤××이 무슨 죄란 말이야?"

하고 뽐내었다.

그러나 윤의 이 말은 내게 하는 말이 아니요, 여태까지 한 방에 있던 '민' 더러 들으라는 말인 줄 나는 알았다. 왜 그런가 하면 경찰서 유치장에 있을 때에도 첫날은 지금 이 말과 같이 뽐내더니마는 형사실에 들어가서 두어 시간 겪을 것을 겪고 두 어깨가 축 늘어져서 나오던 날 저녁에, 그는 이 일이 성사되는 날에는 육천 원 보수를 받기로 언약이 있었던 것이며, 정작 성사된 뒤에는 현가와 임가는 윤이 새긴 도장은 잘 되지를 아니하여서 쓰질 못하고, 서울서 다시 도장을 새겨서 썼노라고 하며 돈 삼십 원을 주고 하룻밤 술을 먹이고 창기집*에 재워 주고 하였다는 말을 이를 갈면서 고백하였다. 생각컨대는 병감*에 같이 있는 민씨에게는 자기가 무죄하다는 말밖에 아니하였던 것이, 불의에 내가 들어오매 그 뒷수습을 하노라고 예방선으로 이런 소리를 하는 것이라고 나는 생각하고 또 한 번 웃음을 억제하였다.

껍질과 뼈만 남은 민씨는 밤낮 되풀이하던 소리라는 듯이 윤이 열심으로 떠드는 말을 일부러 안 듣는 양을 보이며 해골과 같은 제 손가락을 들여다보고 앉았다가 꿈 하고 일어나서 똥통으로 올라간다.

"또, 똥질이야!"

하고 윤은 소리를 꽥 지른다.

* 창기(娼妓)집 기생이 있는 술집.
* 병감(病監) 형무소(지금의 교도소)에서 병든 죄수를 따로 두는 감방.

"저는 누구만 못한가?"

하고 민은 끙끙 안간힘을 쓴다.

똥통은 바로 민의 머리맡에 놓여 있는데 볼 때마다 칠 아니한 관을 연상케 하였다. 그 위에 해골이 다 된 민이 올라앉아서 끙끙대는 것이 퍽으나 비참하게 보였다. 윤은 그 가늘고 날카로운 눈으로 민의 앙상한 목덜미를 흘겨보며,

"진상요. 글쎄 저것이 타작을 한 팔십 석이나 받는다는디, 또 장남한 자식이 있다는디, 또 열아홉 살 된 여편네가 있다나요. 그런데두 저렇게 제 애비, 제 서방이 다 죽게 되어두, 어리친* 강아지새끼 하나 면회도 아니 온단 말씀이지라오. 옷 한 가지, 벤또* 한 그릇 차입하는 일도 없고. 나는 집이나 멀지. 인제 보아. 내가 편지를 했으닝게. 그래도 내 당숙이 돈 삼십 원 하나는 보내 줄게요. 내 당숙이 면장이요. 그런디 저것은 집이 시흥이라는디 그래, 계집년 자식새끼 얼씬도 안해야 옳담? 흥, 그래도 성이 민가라고 양반 자랑은 허지. 민가문다 양반이어? 서방도 모르고 애비도 모르는 것이 무슨 빌어먹다 죽을 양반이어?"

윤이 이런 악담을 하여도 민은 들은 체 못 들은 체. 이제는 끙끙 소리도 아니 하고 멀거니 앉아 있는 것이 마치 똥통에서 내려오기를 잊어버린 것 같았다.

민의 대답 없는 것이 더 화가 나는 듯이 윤은 벌떡 일어나더니 똥통 곁으로 가서 손가락으로 민의 옆구리를 꾹 찌르며,

"글쎄, 내가 무어랬어? 요대로 있다가는 죽고 만다닝게. 먹은 게 있어야 똥이 나오지. 그까진 쌀뜨물 같은 미음 한 모금씩 얻어먹는 것이 오줌이나 될 것이 있어? 어서 내 말대로 집에다 기별을 해서 돈을

---

* 어리치다 독한 냄새나 밝은 빛 따위의 심한 자극으로 정신이 흐릿해지다.
* 벤또 '도시락'의 일본말.

갖다가 우유도 사 먹고 달걀도 사 먹고 그래요. 돈은 다 두었다가 무엇 하자닝게여? 애비가 죽어 가도 면회도 아니 오는 자식녀석에게 물려 줄 양으로? 흥, 흥. 옳지, 열아홉 살 먹은 계집이 젊은 서방 얻어서 재미있게 살라고?"

하고 민의 비위를 박박 긁는다.

민도 더 참을 수 없던지,

"글쎄, 웬 걱정이야? 나는 자네 악담과 그 독살스러운 눈깔딱지만 안 보게 되었으면 좀 살겠네. 말을 해도 할 말이 다 있지, 남의 아내를 왜 거들어? 그러니까 시굴 상것이란 헐 수 없단 말이지."

이런 말을 하면서도 민은 그렇게 성낸 모양조차 보이지 아니한다. 그 옴팡눈이 독기를 띠면서도 또한 침착한 천품*을 보이는 것이었다.

그 후에도 날마다 몇 차례씩 윤은 민에게 같은 소리로 그를 박박 긁었다. 민은 그 소리가 듣기 싫으면 눈을 감고 자는 체를 하거나, 그렇지 아니하면 유리창으로 내다보이는 여름 하늘의 구름이 나는 것을 언제까지나 바라보고 있었다. 이렇게 민이 침착하면 침착할수록 윤은 더욱 기를 내어서 악담을 퍼부었다. 그리고 그 끝에는 반드시 열아홉 살 된 민의 아내를 거들었다. 이것이 윤이 민의 기를 올리려 하는 최후 수단이었으니 민은 아내의 말만 나면 양미간을 찡그리며 한두 마디 불쾌한 소리를 던졌다.

윤이 아무리 민을 긁어도 민이 못 들은 체하고 도무지 반항이 없으면 윤은 나를 향하여 민의 험구를 하는 것이 버릇이었다. 도무지 민이 의사가 이르는 말을 아니 듣는다는 말, 먹으라는 약도 아니 먹는다는 둥, 천하에 깍쟁이라는 둥, 민의 코끝이 빨간 것이 죽을 때가 가까워서 회가 동하는* 것이라는 둥, 민의 아내에게는 벌써 어떤 젊은 놈팡이가 붙

* **천품**(天稟) 타고난 기품.
* **회**(蛔)**가 동하다** 구미가 당기거나 무엇을 하고 싶은 마음이 생기다.

었으리라는 둥, 한량없이 이런 소리를 하였다. 그러다가 제가 졸리거나 밥이 들어오거나 해야 말을 끊었다. 마치 윤은 먹고, 민을 못 견디게 굴고, 똥질하고, 자고, 이 네 가지만을 위해서 살아가는 사람인 것 같았다. 또 한 가지 있다면 그것은 자기의 병 타령과 공범에 대한 원망이었다. 어찌했거나 윤의 입은 잠시도 다물고 있을 새는 없었고, 쨍쨍하는 그 목소리는 가끔 간수의 꾸지람을 받으면서도 간수가 돌아선 뒤에는 곧 그 쨍쨍거리는 목소리로 간수에게 또 욕설을 퍼부었다.

나는 윤 때문에 도무지 맘이 편안하기가 어려웠다. 윤의 말은 마디마디 이상하게 사람의 신경을 자극하였다. 민에게 하는 악담이라든지, 밥을 대할 때에 나오는 형무소에 대한 악담, 의사, 간병부, 간수, 자기 공범, 무릇 그의 입에 오르는 사람은 모조리 악담을 받는데, 말들이 칼끝같이, 바늘끝같이 나의 약한 신경을 찔렀다. 내가 가장 원하는 것은 마음에 아무 생각도 없이 가만히 누워 있는 것인데, 윤은 내게 이러한 기회를 허락지 아니하였다. 그가 재재거리는 말이 끝이 나서 '인제 살아났다.' 하고 눈을 좀 감으면 윤은 코를 골기 시작하였다. 그는 두 다리를 벌리고, 배를 내어 놓고, 베개를 목에다 걸고, 눈을 반쯤 뜨고 그리고는 코로 골고, 입으로 불고 이따금 꺽꺽 숨이 막히는 소리를 하고, 그렇지 아니하면 백일해* 기침과 같은 기침을 하고, 차라리 그 잔소리를 듣던 것이 나은 것 같았다. 그럴 때면 흔히 민이,

"어떻게 생긴 자식인지 깨어서도 사람을 못 견디게 굴고 잠이 들어서도 사람을 못 견디게 굴어."

하고 중얼거릴 때에는 나도 픽 웃지 아니할 수가 없었다.

"저 배 가리워. 십오 호, 저 배 가리워. 사타구니 가리우고, 웬 낮잠을 저렇게 자? 낮잠을 저렇게 자니까 밤에는 똥통만 타고 앉아서 다른

---

* 백일해(百日咳) 경련성의 기침을 일으키는 급성 전염병.

사람을 못 견디게 굴지."

하고 순회하는 간수가 소리를 지르면 윤은,

　"자기는 누가 자거디오?"

하고 배와 사타구니를 쓸며,

　"이렇게 화기가 떠서, 열기가 떠서, 더워서 그래요!"

　그리고는 옷자락을 잠깐 여미었다가 간수가 가 버리면 윤은 간수 섰던 자리를 그 독한 눈으로 흘겨보며,

　"왜 나를 그렇게 못 먹어 해?"

하고는 다시 옷자락을 열어 젖힌다.

　민이 의분심*에 못 이기는 듯이,

　"왜, 간수 말이 옳지. 배때기를 내놓고 자빠져 자니까 밤낮 똥질을 하지. 자네 비위에는 옳은 말도 다 악담으로 들기나 봐. 또 그게 무에야, 밤낮 사타구니를 내놓고 자빠졌으니!"

　그래도 윤은 내게 대해서는 끔찍이 친절하였다. 내가 몸을 움직이지 못하는 병인 것을 안다고 하여서, 그는 내가 할 일을 많이 대신해 주었다.

　"무슨 일이 있으면 내게 말씀하시란게요. 왜 일어서능기오?"

하고 내가 움직일 때에는 번번이 나를 아끼는 말을 하여 주었다. 내가 사식 차입이 들어오기 전, 윤은 제가 먹는 죽과 내 밥과를 바꾸어 먹기를 주장하였다. 그는,

　"글쎄 이 좁쌀 절반, 콩 절반, 이것을 진상이 잡수신다는 것이 말이 되능기오?"

하고 굳이 내 밥을 빼앗고, 제 죽을 내 앞에 밀어 놓았다. 나는 그 뜻이 고마웠으나, 첫째로는 법을 어기는 것이 내 뜻에 맞지 아니하고, 둘째

＊ 의분심(義憤心) 불의에 대해 분노를 느끼는 마음.

로는 의사가 죽을 먹으라고 명령한 환자에게 밥을 먹이는 것이 죄스러워 끝내 사양하였다. 윤과 내가 이렇게 서로 다투는 것을 보고 민은 미음 양재기를 앞에 놓고, 입맛이 없어서 입에 대일 생각도 아니하면서,

"글쎄 이 사람아. 그 쥐똥 냄새 나는 멀건 죽 국물이 무엇이 그리 좋은 게라고 진상에게 권하나? 진상, 어서 그 진지를 잡수시오. 그래도 콩밥 한 덩이가 죽보다는 낫지요."

하면 윤은 민을 흘겨보며,

"어서 저 먹을 거나 처먹어. 그래두 먹어야 사는 게여."

하고 억지로 내 조밥을 빼앗아 먹기를 시작한다.

나는 양심에 법을 어긴다는 가책을 받으면서도 윤의 정성을 물리치는 것이 미안해서 죽 국물을 한 모금만 마시고는 속이 불편하다는 핑계로 자리에 와서 누워 버린다.

윤은 내 밥과 제 죽을 다 먹어 버리는 모양이다. 민도 미음을 두어 모금 마시고는 자리에 돌아와 눕건마는 윤은 밥덩이를 들고 창 밑에 서서 연해 간수가 오는가 아니 오는가를 바라보면서 입소리 요란하게 밥과 국을 먹고 있다.

민은 입맛을 쩍쩍 다시며,

"그저 좋은 배갈에 육회를 한 그릇 먹었으면 살 것 같은데."

하고 잠깐 쉬었다가 또 한 번,

"좋은 배갈을 한 잔 먹었으면 요 속에 맺힌 것이 홱 풀려 버릴 것 같은데."

하고 중얼거린다.

밥과 죽을 다 먹고 나서 물을 벌꺽벌꺽 들이켜던 윤은,

"흥, 게다가 또 육회여? 멀건 미음두 안 내리는 배때기에 육회를 먹어? 금방 뒈어지게. 그렇지 않아도 코끝이 빨간데. 벌써 회가 동했어. 그렇게 되구 안 죽는 법이 있나?"

하며 밥그릇을 부시고 있다. 콧물이 흐르면 윤은 손등으로도 씻지 아니하고 세 손가락을 모아서 마치 버려지나 떼어 버리는 것같이 콧물을 집어서 아무 데나 홱 뿌리고는 그 손으로 밥그릇을 부신다. 그러다가 기침이 나기 시작하면 고개를 돌리려 하지도 아니하고 개수통에, 밥그릇에 더 가까이 고개를 숙여 가며 기침을 한다. 그래도 우리 세 사람 중에는 자기가 그 중 몸이 성하다고 해서 밥을 받아들이는 것이나, 밥그릇을 부시는 것이나, 밥 먹은 자리에 걸레질을 하는 것이나 다 제가 맡아서 하였고, 또 자기는 이러한 일에 대해서 썩 잘하는 줄로 믿고 있는 모양이었다. 더구나 아침이 끝나고 '벵키* 준비!' 하는 구령이 나서 똥통을 들어낼 때면 사실상 우리 셋 중에는 윤밖에 그 일을 할 사람이 없었다. 그는 끙끙거리고 똥통을 들어낼 때마다 민을 원망하였다. 민이 밤낮 똥질을 하기 때문에 이렇게 똥통이 무겁다는 불평이었다. 그러면 민은,

"글쎄 이 사람아, 내가 하루에 미음 한 공기도 다 못 먹는 사람이 오줌똥을 누기로 얼마나 누겠나? 자네야말로 죽두 두 그릇, 국두 두 그릇, 냉수두 두 주전자씩이나 처먹고는 밤새두룩 똥통을 타고 앉아서 남 잠도 못 자게 하지."

하는 민의 말은 내가 보기에도 옳았다. 더구나 내게 사식 차입이 들어온 뒤로부터는 윤은 번번이 내가 먹다가 남긴 밥과 반찬을 다 먹어 버리기 때문에 그의 소화 불량은 더욱 심하게 되었다. 과식을 하기 때문에 조갈증*이 나서 수없이 물을 퍼먹고, 그리고는 하루에, 많은 날은 스무 차례나 똥질을 하였다. 그러면서도 자기 말은,

"똥이 나올 주어야지. 꼬챙이루 파내기나 하면 나올까? 허기야 먹은 것이 있어야 똥이 나오지."

---

* 벵키(便器) '변기'의 일본말. 대소변을 보는 용기.
* 조갈증(燥渴症) 입술이나 입 안, 목 따위가 몹시 마르는 느낌.

이렇게 하루에도 몇 차례씩 혹은 민을 보고 혹은 나를 보고 자탄하였다.

윤의 병은 점점 악화하였다. 그것은 확실히 과식하는 것이 한 원인이 되는 것이 분명하였다.

나는 내가 사식 차입을 먹기 때문에 윤의 병이 더해 가는 것을 퍽 괴롭게 생각하여서, 인제부터는 내가 먹고 남은 것을 윤에게 주지 아니하리라고 결심하고 나 먹을 것을 다 먹고 나서는 윤의 손이 오기 전에 벤또 그릇을 창틀 위에 갖다 놓았다. 그리고 나는 부드러운 말로 윤을 향하여,

"그렇게 잡수시다가는 큰일나십니다. 내가 어저께는 세어 보니까 스물네 번이나 설사를 하십디다. 또 그 위에 열이 오르는 것도 너무 잡수시기 때문인가 하는데요."

하고 간절히 말하였으나 그는 듣지 아니하고 창틀에 놓은 벤또를 집어다가 먹었다.

나는 중대한 결심을 하지 아니할 수 없었다. 그것은 내가 사식을 끊어 버리는 것이었다. 그래서 나는 저녁 한 때만 사식을 먹고 아침과 점심은 관식을 먹기로 하였다. 나는 아무쪼록 영양분을 섭취하지 아니하면 아니될 병자이기 때문에 이것은 적지 아니한 고통이었으나 나로 해서 곁엣사람이 법을 범하고, 병이 더치게* 하는 것은 차마 못할 일이었다. 민도 내가 사식을 끊은 까닭을 알고 두어 번 윤의 주책 없음을 책망하였으나, 윤은 도리어 내가 사식을 끊은 것이 저를 미워하여서나 하는 것같이 나를 원망하였다. 더구나 윤의 아들에게서 현금 삼 원 차입이 와서 우유며 사식을 사 먹게 되고 지리가미*도 사서 쓰게 된 뒤로부터는 내게 대한 태도가 심히 냉랭하게 되었다. 예전에는 내가 충고하는 말이면 '선생님 말씀이 옳아요.' 하고 순순히 듣던 것이 이제는 나를 향

---

* 더치다 낫거나 나아 가던 병세가 다시 더하여지다.
* 지리가미(塵紙) 휴지의 일본말.

해서도 눈을 흘기게 되었다.

윤은 아들이 보낸 삼 원 중에서 수건과 비누와 지리가미를 샀다.

"붓빙 고오뉴(물건 사라.)."

하는 날은 한 주일에 한 번밖에 없었고, 물건을 주문한 후에 그 물건이 올 때까지는 한 주일 내지 십여 일이 걸렸다. 윤은 자기가 주문한 물건이 오는 것이 늦다고 하여 날마다 하루에도 몇 차례씩 형무소 당국의 태만함을 책망하였다. 그러다가 물건이 들어온 날 윤은 수건과 비누와 지리가미를 받아서 이리 뒤적 저리 뒤적 하면서,

"글쎄 이걸 수건이라고 가져와? 망할 자식들 같으니. 걸레감도 못 되는 걸. 비누는 또 이게 다 무엇여, 워디 향내 하나 나나?"

하고 큰 소리로 불평을 하였다.

민이, 아니꼬워 못 견디는 듯이 입맛을 몇 번 다시더니,

"글쎄 이 사람아. 자네네 집에서 언제 그런 수건과 비누를 써 보았단 말인가? 그 돈 삼 원 가지고 밥술이나 사먹을 게지, 비누·수건은 왜 사? 자네나 내나 그 상판대기에 비누는 발라서 무엇 하자는 게구, 또 여기서 주는 수건이면 고만이지 타올 수건을 해서 무엇 하자는 게야? 자네가 그 따위로 소견머리 없이 살림을 하니까 평생에 가난 껍질을 못 벗어 놓지."

이렇게 책망하였다.

윤은 그 날부터 세수할 때에만은 제 비누를 썼다. 그러나 수건을 빨 때라든지 발을 씻을 때에는 웬일인지 여전히 내 비누를 쓰고 있었다.

윤은 수건 거는 줄에 제 타월 수건이 걸리고, 비누와 잇솔과 치마분이 있고, 이불 밑에 지리가미가 있고, 조석으로 차입 밥과 우유가 들어오는 동안 심히 호기*가 있었다. 그는 부채도 하나 샀다. 그 부채가 내

＊호기(豪氣) 거만스럽게 잘난 체하며 자꾸 버릇없이 구는 기운.

부채 모양으로 합죽선이 아닌 것을 하루에도 몇 번씩 원망하였으나 그는 허리를 쭉 뻗고 고개를 젖히고 부채를 딱딱거리며 도사리고 앉아서 그가 좋아하는 양반 상놈 타령이며, 공범 원망이며, 형무소 공격이며, 민에 대한 책망이며, 이런 것을 가장 점잖게 하였다.

윤은 이삼 원어치 차입 때문에 자기의 지위가 대단히 높아지는 것을 느끼는 모양이었다. 간수를 보고도 이제는 겁낼 필요가 없이, '나도 차입을 먹노라.' 고 호기를 부렸다.

윤이 차입을 먹게 되매 나도 십여 일 끊었던 사식 차입을 받게 되었다. 윤과 나와 두 사람만은 노긋노긋한 흰밥에 생선이며 고기를 먹으면서, 민 혼자만이 미음 국물을 마시고 앉았는 것이 차마 볼 수 없었다. 민은 미음 국물을 앞에 받아 놓고는 연해 나와 내 밥그릇을 바라보는 것 같고 또 침을 껄떡껄떡 삼키는 모양이 보였다. 노긋노긋한 흰밥, 이것이 이 세상에서 가장 귀하고 고마운 것인 줄은 감옥에 들어와 본 사람이라야 알 것이다. 밥의 하얀빛, 그 향기, 젓갈로 집고 입에 넣어 씹을 때에 그 촉각. 그 맛. 이것은 천지간에 있는 모든 물건 가운데 가장 귀한 것이라고 느끼지 아니할 수 없었다. 쌀밥, 이러한 말까지도 신기한 거룩한 음향을 가진 것같이 느껴졌다. 이렇게 밥의 고마움을 느낄 때에 합장하고 하늘을 우러러,

'모든 중생으로 하여금 밥의 즐거움을 골고루 받게 하소서!'
하고 빌지 아니할 사람이 있을까? 이 때에 나는 형무소의 법도 잊어버리고, 민의 병도 잊어버리고 지리가미에 한 숟갈쯤 되는 밥덩어리를 덜어서,

"꼭꼭 씹어 잡수셔요."
하고 민에게 주었다. 민은 그것을 받아서 입에 넣었다. 그의 몸에는 경련이 일어나는 것 같고 그의 눈에는 눈물이 글썽글썽하는 것 같음은 내 마음 탓일까?

민은 종이에 붙은 밥 알갱이를 하나 안 남기고 다 뜯어서 먹고,

"참 꿀같이 달게 먹었습니다. 어쩌면 그렇게도 맛이 있을까? 지금 죽어도 한이 없을 것 같습니다."

하고 더 먹고 싶어하는 모양 같으나 나는 더 주지 아니하고 그릇에 밥을 좀 남겨서 내어놓았다. 윤은 제 것을 다 먹고 나서 내가 남긴 것까지마저 휘몰아 넣었다.

윤의 삼 원어치 차입은 일 주일이 못해서 끊어지고 말았다. 윤의 당숙 되는 면장에게서 오리라고 윤이 장담하던 삼십 원은 오지 아니하였다. 윤이 노* 말하기를 자기가 옥에서 죽으면 자기 당숙이 아니 올 수 없고 오면은 자기의 장례를 아니 지낼 수 없으니 그러면 적어도 삼십 원은 들 것이라 죽은 뒤에 삼십 원을 쓰는 것보다 살아서 삼십 원을 보내어 먹고 싶은 것을 먹으면, 자기가 죽지 아니할 터이니 당숙이 면장의 신분으로 형무소까지 올 필요도 없고, 또 설사 자기가 옥에서 죽더라도 이왕 장례비 삼십 원을 받아 먹었으니 친족에게 폐를 끼치지 아니하고 형무소에서 화장을 할 터인즉, 지금 삼십 원을 청구하는 것이 부당한 일이 아니라고, 이렇게 면장 당숙에게 편지를 하였으므로 반드시 삼십 원은 오리라는 것이었다.

나도 윤의 당숙 되는 면장이 윤의 이론을 믿어서 돈 삼십 원을 보내어 주기를 진실로 바랐다. 더구나 윤의 사식 차입이 끊어짐으로부터 내가 먹다가 남긴 밥을 윤과 민이 다투게 되매 그러하였다. 내가 민에게 밥 한 숟갈 준 것이 빌미가 됨인지, 민은 끼니 때마다 밥 한 숟가락을 내게 청하였고, 그럴 때마다 윤은 민에게 욕설을 퍼붓고 심하면 밥그릇을 둘러엎었다. 한 번은 윤과 민과 사이에 큰 싸움이 일어나서 차마 입에 담지 못할 욕설을 서로 주고받고 하였다. 그 때에 마침 간수가 지나

---

* 노 '노상'의 준말. 언제나 변함 없이 한 모양으로 줄곧.

가다가 두 사람이 싸우는 소리를 듣고 윤을 나무랐다. 간수가 간 뒤에 윤은 자기가 간수에게 꾸지람 들은 것이 민 때문이라고 하여 더욱 민을 못 견디게 굴었다. 그 방법은 여전히 며칠 안 있으면 민이 죽으리라는 둥, 열아홉 살 된 민의 아내가 벌써 어떤 젊은 놈하고 붙었으리라는 둥, 민의 아들들은 개돼지만도 못한 놈들이라는 둥 악담이었다.

나는 다시 사식을 중지하여 달라고 간수에게 청하였다.

그러나 내가 사식을 중지하는 것으로 두 사람의 감정을 완화할 수는 없었다. 별로 말이 없던 민도 내가 사식을 중지한 뒤로부터는 윤에게 지지 않게 악담을 하였다.

"요놈, 요 좀도적놈. 그래, 백주에 남의 땅을 빼앗아 먹겠다고 재판소 도장을 위조를 해? 고 도장 파던 손목쟁이가 썩어 문드러지지 않을 줄 알구."

이렇게 민이 윤을 공격하면 윤은,

"남의 집에 불 논 놈은 어떻고? 그 사람이 밉거든 차라리 칼을 가지고 가서 그 사람만 찔러 죽일 게지, 그래, 그 집 식구는 다 태워 죽이고 저는 죄를 면하잔 말이지? 너 같은 놈은 자식새끼까지 다 잡아먹어야 해! 네 자식녀석들이 살아 남으면 또 남의 집에 불을 놓겠거든."

이렇게 대꾸를 하였다.

하루는 간수가 우리 방문을 열어젖뜨리고,

"구십구호!"

하고 불렀다.

구십구 호를 십오 호로 잘못 들었는지, 윤이 벌떡 일어나며,

"네, 내게 편지 왔능기오?"

하였다.

윤은 당숙 면장의 편지를 간절히 기다리는 마음에 구십구 호를 십오 호로 잘못 들은 모양이다.

"네가 구십구 호냐?"

하고 간수는 소리를 질렀다.

정작 구십구 호인 민은 나를 부를 자가 천지에 어디 있으랴 하는 듯이 그 옴팡눈으로 팔월 하늘의 흰 구름을 바라보고 누워 있었다.

"구십구 호, 귀 먹었니?"

하는 소리와,

"이건 눈 뜨고 꿈을 꾸고 있는 셈인가? 단또상*이 부르시는 소리도 못 들어?"

하고 윤이 옆구리를 찌르는 바람에 민은 비로소 누운 대로 고개를 젖혀서 문을 열고 섰는 간수를 바라보았다.

"구십구 호, 네 물건 가지고 이리 나와."

그제야 민은 정신이 드는 듯이 일어나 앉으며,

"우리 집으로 내어보내 주세요?"

하고, 그 해골 같은 얼굴에 숨길 수 없는 기쁜 빛이 드러난다.

"어서 나오라면 나와. 나와 보면 알지."

"우리 집에서 면회하러 왔어요?"

하고 민의 얼굴에 나타났던 기쁨은 반 이상이나 스러져 버린다.

간수 뒤에 있던 키 큰 간병부가,

"전방이에요, 전방. 어서 그 약병이랑 다 들고 나와요."

하는 말에 민은 약병과 수건과 제가 베고 있던 베개를 들고 지척거리고 문을 향하여 나간다. 민은 전방이라는 뜻을 알아들었는지 분명치 아니하였다. 간병부가,

"베개는 두고 나와요. 요 웃방으로 가는 게야요."

하는 말에 비로소 민은 자기가 어디로 끌려가는지 알아차린 모양이어

＊단또상 탄토오상. 탄토오는 '담당' 으로 여기서는 '교도관' 이란 뜻.

서 힘없이 베개를 내어 던지고 잠깐 기쁨으로 빛나던 얼굴이 다시 해골 같이 되어서 나가 버리고 말았다. 다음 방인 이방에 문 열리는 소리가 나고 또 문이 닫히고 짤깍 하고 쇠 잠그는 소리가 들렸다. 나는 민이 처음 보는 사람들 틈에 어리둥절하여 누울 자리를 찾는 모양을 눈앞에 그려보았다.

"에잇, 고 자식 잘 나간다. 젠장, 더러워서 견딜 수가 있나? 목욕이란 한 번도 안했으닝게. 아침에 세수하고 양치질하는 것 보셨능기오? 어떻게 생긴 자식인지 새 옷을 갈아 입으래도 싫다는고만."

하고 일변 민이 내어 버리고 간 베개를 자기 베개 밑에 넣으며 떠나간 민의 험구를 계속한다⋯⋯.

"민가가 왜 불을 놓았는지 진상 아시능기오? 성이 민가기 때문에 그랬던지, 서울 민××대감네 마름 노릇을 수십 년 했지라오. 진상도 보시는 바와 같이 자식이 저렇게 독종으로, 깍쟁이로 생겼으닝게 그 밑에 작인들이 배겨날 게요? 팔십 석이나 타작을 한다는 것도 작인들의 등을 처먹은 게지 무엇잉게오? 그래 작인들이 원망이 생겨서 지주 집에 등장*을 갔더라나요. 그래서 작년에 마름을 떼였단 말이오. 그리고 김 무엇인가 한 사람이 마름이 났는데요, 민가녀석은 제 마름을 뗀 것이 새로 마름이 된 김가 때문이라고 해서 금년 음력 설날에 어디서 만났더라나, 만나서 욕지거리를 하고 한바탕 싸우고, 그리고는 요 뱅충맞은 것이 분해서 그 날 밤중에 김가 집에 불을 났단 말야. 마침 설날 밤이라, 밤이 깊도록 동네 사람들이 놀러댕기다가 불이야! 소리를 쳐서 얼른 잡았기에 망정이지 하마터면 김가네 집 식구가 죄다 타 죽을 뻔하지 않았능기오?"

하고 방화죄가 어떻게 흉악한 죄인 것을 한바탕 연설을 할 즈음에 간병

---

* 등장(等狀) 여러 사람이 이름을 잇대어 써서 하소연함.

부가 오는 것을 보고 말을 뚝 끊는다. 그것은 간병부도 방화범인 까닭이었다.

간병부가 다녀간 뒤에 윤은 계속하여 그 간병부들의 방화한 죄상을 또 한바탕 설명하고 나서,

"모두 흉악한 놈들이지요. 남의 집에 불을 놓다니! 그런 놈들은 씨알 머리도 없이 없애 버려야 하는 기라오."

하고 심히 세상을 개탄하는 듯이 길게 한숨을 쉰다.

일방에 윤과 나와 단둘이 있게 되어서부터는 큰 소리가 날 필요가 없었다. 밤이면 우리 방에 들어와 자는 간병부가 윤을 윤 서방이라고 부른다고 해서 윤이 대단히 불평하였으나 간병부의 감정을 상하는 것이 이롭지 못한 줄을 잘 아는 윤은 간병부와 정면 충돌을 하는 일은 별로 없고 다만 낮에 나하고만 있을 때에,

"서울말로는 무슨 서방이라고 부르는 말이 높은 말잉기오? 우리 전라도서는 나* 많은 사람보고 무슨 서방이라고 하면 머슴이나 하인이나 부르는 소리랑기오."

하고 곁눈으로 나를 바라본다. 나는 그가 묻는 뜻을 알았으므로 대답하기가 심히 거북살스러워서 잠깐 주저하다가,

"글쎄 서방님이라고 하는 것만 못하겠지요."

하고 웃었다. 윤은 그제야 자신을 얻은 듯이,

"그야 우리 전라도에서도 서방님이라고 하면사 대접하는 말이지요. 글쎄, 진상도 보시다시피 저 간병부놈이 언필칭* 날더러 윤 서방, 윤 서방 하니, 그래 그놈의 자식은 제 애비나 아재비더러도 무슨 서방 무슨 서방 할 텐가? 나이로 따져도 내가 제 애비뻘은 되렷다. 어 고약한 놈 같으니."

---

* 나　'나이'의 준말.
* 언필칭(言必稱)　말을 할 때마다 반드시.

하고 그 앞에 책망 받을 사람이 섰기나 한 것처럼 뽐낸다.

윤씨는 윤 서방이라는 말이 대단히 분한 모양이어서 어떤 날 저녁엔 간병부가 들어올 때에도 눈만 흘겨보고 잘 다녀왔느냐 하는, 늘 하던 인사도 아니하는 적도 있었다. 그러다가 하루 저녁에는 또 '윤 서방'이라고 간병부가 부른 것을 기회로 마침내 정면 충돌이 일어나고 말았다. 윤이,

"댁은 나를 무어로 보고 윤 서방이라고 부르오?"
하는 정식 항의에 간병부가 뜻밖인 듯이 눈을 크게 뜨고 한참이나 윤을 바라보고 앉았더니, 허허 하고 경멸하는 웃음을 웃으면서,

"그럼 댁더러 무어라고 부르라는 말이오? 댁의 직업이 도장쟁이니, 도장쟁이라고 부르라는 말이오? 죄명이 사기니 사기쟁이라고 부르라는 말이오? 밤낮 똥질만 하니 윤 똥질이라고 부르라는 말이오? 옳지 윤 선생이라고 불러 줄까? 왜 되지 못하게 이 모양이야? 윤 서방이라고 불러 주면 고마운 줄이나 알지. 낫살을 먹었으면 몇 살이나 더 먹었길래. 괜스리 그러다가는 윤가놈이라고 부를걸."
하고 주먹으로 삿대질을 한다.

윤은 처음에 있던 호기도 다 없어지고 그만 시그러지고* 말았다. 간병부는 민 영감 모양으로 만만치 않은 것도 있거니와 간병부하고 싸운댔자 결국은 약 한 봉지 얻어먹기도 어려운 줄을 깨달은 것이었다.

윤은 침묵하고 있건마는 간병부는 누워 잘 때에까지도 공격을 중지하지 아니하였다.

이튿날 아침, 진찰도 다 끝나고 난 뒤에 우리 방에 있는 키 큰 간병부는 다음 방에 있는 간병부를 데리고 와서,

"흥, 저 양반이, 내가 윤 서방이라고 부른다고 아주 대로하셨다나."
하며 턱으로 윤을 가리키는 것을 보고 키 작은 간병부가,

---

* 시그러지다 애쓰거나 뻗친 힘 따위가 사라지거나 사그라지다.

"여보! 윤 서방. 어디 고개 좀 이리 돌리오. 그럼 무어라고 부르리까, 윤 동지라고 부를까? 윤 선달이 어떨꼬? 막 싸구려판이니 어디 그 중에서 맘에 드는 것을 고르시유."

하고 놀려 먹는다.

윤은 눈을 깜박깜박하고 도무지 아무 대답이 없었다.

본래 간병부에게 호감을 못 주던 윤은 윤 서방 사건이 있은 뒤부터 더욱 미움을 받았다. 심심하면 두 간병부가 와서 여러 가지 별명을 부르면서 윤을 놀려 먹었고, 간병부들이 간 뒤에는 윤은 나를 향하여,

"두 놈이 옥 속에서 썩어져라."

하고 악담을 퍼부었다.

이렇게 윤이 불쾌한 그날 그날을 보낼 때에 더욱 불쾌한 일 하나가 생겼다. 그것은 정이라는 역시 사기범으로 일동 팔방에서 윤하고 같이 있던 사람이 설사병으로 우리 감방에 들어온 것이었다. 나는 윤에게서 정씨의 말을 여러 번 들었다. 설사를 하면서도 우유니 달걀이니 하고 막 처먹는다는 둥, 한다는 소리가 모두 거짓말뿐이라는 둥, 자기가 아무리 타일러도 말을 듣지 않는 꼭 막힌 놈이라는 둥, 이러한 비평을 하는 것을 여러 번 들었다. 하루는 윤하고 나하고 운동을 나갔다가 들어와 보니 웬 키가 커다랗고 얼굴이 허연 사람이 똥통을 타고 앉아서 싱글싱글 웃고 있었다. 윤은 대단히 못마땅한 듯이 나를 돌아보고 입을 삐죽하고 나서 자리에 앉아서 부채를 딱딱거리면서,

"데이상, 입때*까지 설사가 안 막혔능기오? 사람이란 친고가 충고하는 옳은 말은 들어야 하는 법이여. 일동 팔방에 있을 때에 내가 그만큼이나 음식을 삼가라고 말 안했거디? 그런데 내가 병감에 온 지가 석 달이나 되는디 아직도 설사여?"

＊입때 여태.

하고 똥통에 올라앉은 사람을 흘겨본다. 윤의 이 말에 나는 그가 윤이 늘 말하던 정씨인 줄을 알았다.

똥통에서 내려온 정씨는 윤의 말을 탓하지 않는, 지어서 하는 듯한 태도로,

"인상, 우리 이거 얼마만이오? 그래 아직도 예심*중이시오?"

하고 얼굴 전체가 다 웃음이 되는 듯이 싱글벙글하며 윤의 손을 잡는다. 그리고 나서는 내게 앉은절을 하며,

"제 성명은 정흥태올시다. 얼마나 고생이 되십니까?"

하고 대단히 구변이 좋았다. 나는 그의 말의 발음으로 보아 그가 평안도 사람으로 서울말을 배운 사람인 줄을 알았다. 그러나 저녁에 인천 사는 간병부와 인사할 때에는 자기도 고향이 인천이라 하였고, 다음에 강원도 철원 사는 간병부와 인사를 할 때에는 자기 고향이 철원이라 하였고, 또 그 다음에 평양 사람 죄수가 들어와서 인사하게 된 때에는 자기 고향은 평양이라고 하였다. 그 때에 곁에 있던 윤이 정을 흘겨보며,

"왜 또 해주도 고향이라고 아니했소? 대체 고향이 몇이나 되능기오?"

이렇게 오금을 박은* 일이 있었다. 정은 한두 달 살아 본 데면 그 지방 사람을 만날 때 다 고향이라고 하는 모양이었다.

정은 우리 방에 오는 길로,

"이거 방이 더러워 쓰겠나!"

고 벗어붙이고 마룻바닥이며 식기며를 걸레질을 하고 또 자리 밑을 떠들어 보고는,

"이거 대체 소제*라고는 안하고 사셨군? 이거 더러워 쓸 수가 있나?"

---

* 예심(豫審) 공소 제기 후에 피고 사건을 공판에 회부할 것인가 여부를 결정하고 공판에서 조사하기 어렵다고 생각되는 증거를 수집하고 확보하는 공판 전의 절차.
* 오금을 박다 다른 사람에게 함부로 말이나 행동을 하지 못하게 단단히 이르거나 으르다.
* 소제(掃除) 청소.

하고 방을 소제하기를 주장하였다.

"그 너머 혼자 깨끗한 체하지 마시오. 어디 그 수선에 정신 차리겠능기오?"

하고 윤은 돗자리 떨어 내는 것을 반대하였다. 여기서부터 윤과 정의 의견 충돌이 시작되었다.

저녁밥 먹을 때가 되어 정이 일어나 물을 받는 것까지는 참았으나, 밥과 국을 받으려고 할 때에는 윤이 벌떡 일어나 정을 떼밀치고 기어이 제가 받고야 말았다. 창 옆에서 음식을 받아들이는 것은 감방 안에서는 큰 권리로 여기는 것이었다.

정은 윤에게 떼밀치어 머쓱해 물러서면서,

"그렇게 사람을 떼밀 거야 무엇이오? 그러니깐두루 간 데마다 인심을 잃지. 나 같은 사람과는 아무렇게 해도 관계치 않소마는 다른 사람보고는 그리 마시오! 뺨 맞지오, 뺨 맞아요."

하고 나를 돌아보며 싱그레 웃었다. 그것은 마치 자기는 그만한 일에 성을 내는 사람이 아니라는 것을 보이려 함인 것 같으나 그의 눈에는 속일 수 없이 분한 빛이 나타났다.

밥을 먹는 동안 폭풍우 전의 침묵이 계속되었으나 밥이 끝나고 먹은 그릇을 설거지할 때에 또 충돌이 일어났다. 윤이 사타구니를 내어 놓고 있다는 것과 제 그릇을 먼저 씻고 나서 내 그릇과 정의 그릇을 씻는다는 것과 개수통에 입을 대고 기침을 한다는 이유로 정은 윤을 책망하고 윤이 씻어 놓은 제 밥그릇을 주전자의 물로 다시 씻어서 윤의 밥그릇에 닿지 않도록 따로 포개 놓았다. 윤은 정더러,

"여보, 당신은 당신 생각만 하고 다른 사람 생각은 못하오? 그 주전자 물을 다 써 버리면 밤에는 무엇을 먹고 아침에 네 식구가 세수는 무엇으로 한단 말이오? 사람이란 다른 사람 생각을 해야 쓰는 거여."

하고 공격하였으나 정은 못 들은 체하고 주전자 물을 거진 다 써서 제

밥그릇과 국그릇과 젓가락을 한껏 정하게 씻고 있었던 것이다.

이 모양으로 윤과 정과의 충돌은 그칠 사이가 없었다. 그러나 정은 간병부와 내게 대해서는 아첨에 가까우리만치 공손하였다. 더구나 그가 농업이나, 광업이나, 한방 의술이나, 신의술이나 심지어 법률까지도 모르는 것이 없었고, 또 구변이 좋아서 이야기를 썩 잘하기 때문에 간병부들은 그를 크게 환영하였다.

이렇게 잠깐 동안에 간병부들의 환심을 샀기 때문에 처음에는 한 그릇씩 받아야 할 죽이나 국을 두 그릇씩도 받고, 또 소화약이나 고약이나 이러한 약도 가외*로 더 얻을 수가 있었다. 정이 싱글싱글 웃으며 졸라대면 간병부들은 여간한 것은 거절하지 아니하였다. 그리고 이따금 밥을 한 덩이씩 가외로 얻어서 맛날 듯한 것을 젓가락으로 휘저어서 골라 먹고 그리고 남은 찌꺼기를 행주에다가 싸고 소금을 치고 그리고는 그것을 떡반죽하는 듯이 이겨서 떡을 만들어서는 요리로 한 입, 조리로 한 입 맛남직한 데는 다 뜯어먹고, 그리고 나머지를 싸 두었다가 밤에 자러 들어온 간병부에게 주고는 크게 생색을 내었다. 한 번은 정이 조밥으로 떡을 만들며 나를 돌아보고,

"간병부 녀석들은 이렇게 좀 먹어야 합니다. 이따금 달걀도 사 주고 우유도 사 주면 좋아하지요. 젊은 녀석들이 밤낮 굶주리고 있거든요. 이렇게 녹여 놓아야 말을 잘 듣는단 말이야요. 간병부와 틀렸다가는 해가 많습니다. 그 녀석들이 제가 미워하는 사람의 일을 좋지 못하게 간수들한테 일러바치거든요."

하면서 이겨진 떡을 요모조모 떼어 먹는다.

"여보, 그게 무에요? 데이상은 간병부를 대할 때엔 십 년 만에 만나는 아자씨나 대한 듯이, 살이라도 베어 먹일 듯이 아첨을 하다가 간

---

* 가외(加外) 일정한 기준이나 정도의 밖.

병부가 나가기만 하면 언필칭 이 녀석 저 녀석 하니 사람이 그렇게 표리가 부동해서는 못쓰는 게여. 우리는 그런 사람은 아니여든. 대해 앉아서도 할 말은 하고 안할 말은 안하지. 사내 대장부가 그렇게 간사를 부려서는 못쓰는 게여! 또 여보, 당신이 떡을 해 주겠거든 숫밥으로 해 주는 게지 당신 입에 들어왔다 나갔다 하던 젓가락으로 휘저어서 밥알갱이마다 당신의 더러운 침을 발라 가지고, 그리고 먹다가 먹기가 싫으닝게 남을 주고 생색을 낸다? 그런 일을 해선 못쓰는 게여. 남 주고도 죄받는 일이어든. 당신 하는 일이 모두 그렇단 말여. 정말 간병부를 주고 싶거든 당신 돈으로 달걀 한 개라도 사서 주어. 흥, 공으로 밥 얻어서 실컷 처먹고, 먹기가 싫으닝게 남을 주고 생색을 낸다……. 웃기는 왜 웃소, 싱글싱글? 그래 내가 그른 말 해? 옳은 말은 들어 두어요, 사람 되려거든. 나, 그 당신 싱글싱글 웃는 거 보면 느글느글해서 배 창주가 다 나오려 든다닝게. 웃긴 왜 웃어? 무엇이 좋다고 웃는 게여?"

이렇게 윤은 정을 몰아세웠다.

정은 어이없는 듯이 듣고만 앉았더니,

"내가 할 소리를 당신이 하는구려? 그 배때기나 가리고 앉아요."

그 날 저녁이었다. 간병부가 하루 일이 끝이 나서 빨가벗고 뛰어들어왔다. 정은,

"아이, 오늘 얼마나 고생스러우셨어요? 그래도 하루가 지나가면 그만큼 나가실 날이 가까운 것이 아니오? 그걸로나 위로를 삼으셔야지. 그까진 한 삼사 년 잠깐 갑니다. 아 참, 백 호하고 무슨 말다툼을 하시던 모양이던데."

이 모양으로 아주 친절하게 위로하는 말을 하였다. 백 호라는 것은 다음 방에 있는 키 작은 간병부의 번호이다. 나도 '이놈 저놈.' 하며 둘이서 싸우는 소리를 아까 들었다.

간병부는 감빛 기결수 옷을 입고 제 자리에 앉으면서,

"고놈의 자식을 찢어 죽이랴다가 참았지요. 아니꼬운 자식 같으니. 제가 무어길래? 제나 내나 다 마찬가지 전중이*고 다 마찬가지 간병부지. 흥, 제놈이 나보다 며칠이나 먼저 왔다고 나를 명령을 하려 들어? 쥐새끼 같은 놈 같으니. 나이로 말해도 내가 제 형뻘은 되고, 세상에 있을 때에 사회적 지위로 보더래도 나는 면서기까지 지낸 사람인데. 그래 제따위, 한 자요 두 자요 하던 놈과 같을 줄 알고? 요놈의 자식 내가 오늘은 참았지마는 다시 한 번만 고따위로 주둥아리를 놀려 봐? 고놈의 아가리를 찢어 놓고 다릿마댕이를 분질러 놀걸. 우리는 목에 칼이 들어오더라도 할 말은 하고, 할 일은 하고야 마는 사람이여든!"

하고 곁방에 있는 '백 호'라는 간병부에게 들리라 하는 말로 남은 분풀이를 하였다. 정은 간병부에게 동정하는 듯이 혀를 여러 번 차고 나서,

"쯧쯧, 아 참으셔요. 신상 체면을 보셔야지, 고까짓 어린애녀석하고 무얼 말다툼을 하세요. 아이 나쁜 녀석! 고 녀석 눈깔딱지하고 주둥아리하고 독살스럽게도 생겨 먹었지. 방정은 고게 무슨 방정이야? 고 녀석 인제 또 옥에서 나가는 날로 또 뉘 집에 불 놓고 들어올걸. 원, 고 녀석, 글쎄, 남의 집에 불을 놓다니?"

간병부는 정의 마지막 말에 눈이 뚱그레지며,

"그래, 나도 남의 집에 불 놓았어. 그랬으니 어떻단 말이어? 당신같이 남의 돈을 속여 먹는 것은 괜찮고 남의 집에 불 놓는 것만 나쁘단 말이오? 원, 별 아니꼬운 소리를 다 듣겠네. 여보, 그래 내가 불을 놓았으니 어떡허란 말이오? 웃기는 싱글싱글 왜 웃어? 그래 백 호나 내가 남의 집에 불을 놓았으니 어떡허란 말이야?"

---

* 전중이 징역살이하는 사람을 속되게 이르는 말.

하고 정에게 향하여 상앗대질*을 하였다.

　정의 얼굴은 빨개졌다. 정은 모처럼 간병부의 비위를 맞추려고 하던 것이 고만 탈선이 되어서 이 봉변을 당하게 된 것이었다. 그러나 정의 얼굴에는 다시 웃음이 떠돌면서,

　"아니 내 말이 어디 그런 말이오? 신상이 오해시지."

하고 변명하려는 것을 간병부는,

　"오해? 육회가 어떠우?"

＊상앗대질　'삿대질'의 본말.

"아니 그런 말이 아니라, 신상도 불을 놓셨지마는 신상은 술이 취하셔서 술김에 놓신 것이어든. 그 술김이 아니면 신상이 어디 불 놓실 양반이오? 신상이 우락부락해서 홧김에 때려 죽인다면 몰라도 천성이 대장부다우시니까 사기나 방화나 그런 죄는 안 지을 것이란 말이오! 그저 애매하게 방화죄를 지셨다는 말씀이지요. 내 말이 그 말이거든. 그런데 말이오. 저 백 호, 그 녀석이야말로 정신이 말쩡해서 불을 논 것이 아니오? 그게 정말 방화죄거든. 내 말이 그 말씀이야, 인제 알아들으셨어요?"

하고 정은 제 말에 신이라는 간병부의 분이 풀린 것을 보고,

"자 이거나 잡수세요."

하며 밥그릇통 속에 감추어 두었던 조밥 떡을 내어 팔을 길다랗게 늘여서 간병부에게 준다.

"날마다 이거 미안해서 어떻게 하오?"

하고 간병부는 그 떡을 받았다.

간병부가 잠깐 일어나서 간수가 오나 아니 오나를 엿보고 난 뒤에 그 떡을 한 입 베어 물었다. 아까부터 간병부와 정과의 언쟁을 흥미 있는 눈으로 힐끗힐끗 곁눈질하던 윤이,

"아뿔싸 신상, 그것 잡숫지 마시오."

하고 말만으로도 부족하여 손까지 살래살래 내흔들었다.

간병부는 꺼림칙한 듯이 떡을 입에 문 채로,

"왜요?"

하며 제 자리에 와 앉는다. 간병부 다음에 내가 누워 있고, 그 다음에 정, 그 다음에 윤, 우리들의 자리 순서는 이러하였다. 윤은 점잖게 도사리고 앉아서 부채를 딱딱 하며,

"내가 말라면 마슈. 내가 언제 거짓말 했거디? 우리는 목에 칼이 오더라도 바른 말만 하는 사람이어든."

그러는 동안에 간병부는 입에 베어 물었던 떡을 삼켜 버린다. 그리고 그 나머지를 지리가미에 싸서 등 뒤에 놓으면서,

"아니, 어째 먹지 말란 말이오?"

"그건 그리 아실 것 무어 있소? 자시면 좋지 못하겠으닝게 먹지 말랑게지."

"아이, 말해요. 우리는 속이 갑갑해서, 그렇게 변죽만 울리는 소리를 듣고는 가슴에 불이 일어나서 못 견디어."

이 때에 정이 매우 불쾌한 얼굴로,

"신상, 그 미친 소리 듣지 마시오. 어서 잡수세요. 내가 신상께 설마 못 잡수실 것을 드릴라구?"

하였건마는 간병부는 정의 말만으로 안심이 안 되는 모양이어서,

"윤 서방, 어서 말씀하시오."

하고 약간 노기를 띤 언성으로 재차 묻는다.

"그렇게 아시고 싶을 건 무엇 있어요? 그저 부정한 것으로만 아시라닝게. 내가 신상께 해로운 말씀할 사람은 아니닝게."

"압다, 그 아가리 좀 못 닫쳐?"

하고 정이 참다 못해 벌떡 일어나서 윤을 흘겨본다.

윤은 까딱 아니하고 여전히 몸을 좌우로 흔들흔들하면서,

"당신네 평안도서는 사람의 입을 아가리라고 하는지 모르겠소마는, 우리네 전라도서는 점잖은 사람이 그런 소리는 아니하오. 종교가 노릇을 이십 년이나 했다는 양반이 그 무슨 말버릇이란 말이오? 종교가 노릇을 이십 년이나 했길래로 남 먹으라고 주는 음식에 침만 발러 주었지, 십 년만 했더면 코 발러 줄 뻔했소그려? 내가 아까 그러지 않아도 일르지 않았거디? 사람에게 먹을 것을 주려거든 숫으로 덜어서 주는 법이여. 침 묻은 젓가락으로 휘저어 가면서 맛날 듯한 노란 좁쌀은 죄다 골라 먹고 콩도 이것 집었다가 놓고, 저것 집었다가 놓

고, 입에 댔다가 놓고, 노르스름한 놈은 죄다 골라 먹고, 그리고는 퍼렇게 뜬 좁쌀, 썩은 콩만 남겨서 제 밥그릇, 죽그릇, 젓가락 다 씻은 개숫물에 행주를 축여 가지고는 코 묻은 손으로 주물럭주물럭해서 떡이라고 만들어 가지고 그런 뒤에도 요모조모 맛날 듯싶은 데는 다 떼어 먹고 그것을 남겼다가 사람을 먹으라고 주니, 벼락이 무섭지 않어? 그런 것은 남을 주고도 벌을 받는 법이라고 내가 그만큼 일렀단 말이어. 우리는 남의 흠담은 도무지 싫어하는 사람이닝게 이런 말도 안하려고 했거든. 신상, 내 어디 처음에야 말했가디? 저 진상도 증인이어. 내가 그만큼 옳은 말로 타일렀고, 또 덮어 주었으면 평안도 상것이 '고맙습니다.' 하는 말은 못할망정 잠자코나 있어야 할 게지. 사람이면 그렇게 뻔뻔해서는 못쓰는 게여."

윤의 말에 정은 어쩔 줄을 모르고 얼굴만 푸르락누르락하더니 얼른 다시 기막히고 우습다는 표정을 하며,

"참 기가 막히오. 어쩌면 그렇게 빤빤스럽게도 거짓말을 꾸며 대오? 내가 밥에 모래와 쥐똥, 썩은 콩, 티검불 이런 걸 고르느라고 젓가락으로 밥을 저었지, 그래 내가 어떻게 보면 저 먹다 남은 찌꺼기를 신상더러 자시라고 할 사람 같어 보여? 앗으우, 앗으우. 그렇게 거짓말을 꾸며 대면 혓바닥 잘린다고 했어. 신상, 아예 그 미친 소리 듣지 마시고 잡수시우. 내 말이 거짓말이면 마른 하늘에 벼락을 맞겠소!"

하고 할 말 다 했다는 듯이 자리에 눕는다. 정이 맹세하는 것을 듣고 머리가 쭈뼛함을 깨달았다. 어쩌면 그렇게 영절스럽게* 곁에다가 증인을 둘씩이나 두고도 벼락맞을 맹세까지 할 수가 있을까? 사람의 마음이란 헤아릴 수 없이 무서운 것이라고 깊이깊이 느껴졌다. 내가 설마 나서서 증거야 서랴? 정은 이렇게 내 성격을 판단하고서 맘놓고 이렇게 꾸며댄

---

* 영절스럽다 아주 그럴 듯하다.

것이다. 나는,

　'윤씨 말이 옳소, 정씨 말은 거짓말이오.'

　이렇게 말할 용기가 없었다. 내가 이러한 용기가 없는 것을 정이 빤히 들여다본 것이다. 윤도 정의 엄청난 거짓말에 기가 막힌 듯이 아무 말도 없이 딴 데만 바라보고 앉아 있었다.

　간병부는 사건의 진상을 내게서나 알려는 듯이 가만히 누워 있는 내 얼굴을 들여다보고 있었다. 내게 직접 말로 묻기는 어려운 모양이었다. 내게서 아무 말이 없음을 보고 간병부는 슬그머니 떡을 집어서 머리맡에 밀어 놓으며,

　"옛소, 데이상이나 잡수시오. 나 두 분 더 쌈 시키고 싶지 않소."
하고는 쩝쩝 입맛을 다신다. 나는 속으로 '참 잘한다.' 하고 간병부의 지혜로운 판단에 탄복하였다.

　그러나 이 사건은 정이 윤에게 대한 깊은 원한을 맺히게 한 원인이었다. 윤이 기침을 하면 저 쪽으로 고개를 돌리라는 둥, 입을 막고 하라는 둥, 캥캥 하는 소리를 좀 작게 하라는 둥, 소갈머리*가 고약하게 생겨 먹어서 기침도 고약하게 한다는 둥, 또 윤이 낮잠이 들어 코를 골면 팔꿈치로 윤의 옆구리를 찌르며 소갈머리가 고약하니깐 잘 때까지도 사람을 못 견디게 군다는 둥, 부채를 딱딱거리지 마라, 핼끔핼끔 곁눈질하는 것 보기 싫다, 이 모양으로 일일이 윤의 오금을 박았다.

　윤도 지지 않고 정을 해댔으나, 입심으론 도저히 정의 적수가 아닐 뿐더러, 성미가 급한 사람이라 매양 윤이 꿇아떨어지는 것 같았다. 코를 골기로 말하면 정도 윤에게 지지 아니하였다. 더구나 정은 이가 뻐드러지고* 입술이 뒤둥그러져서* 코를 골기에는 십상이었지마는, 그래

---

*소갈머리　마음을 쓰는 속 바탕, 즉 '마음보'를 낮잡아 이르는 말.
*뻐드러지다　끝이 밖으로 벌어져 나오다.
*뒤둥그러지다　뒤틀려서 마구 우그러지다.

도 정은, 자기는 코를 골지 않노라고 언명하였다. 워낙 잠이 많은 윤은 정이 코를 고는 줄을 모르는 모양이었다. 간병부도 목침에 머리만 붙이면 잠이 드는 사람이므로, 정과 윤이 코를 고는 데에 희생이 되는 사람은 잠이 잘 들지 못하는 나뿐이었다. 윤은 소프라노로, 정은 바리톤으로 코를 골아 대면 나는 언제까지든지 눈을 뜨고 창을 통하여 보이는 하늘에 별을 바라보고 있을 수밖에 없었다.

더구나 정은 윤의 입김이 싫다 하여 꼭 내 편으로 고개를 향하고 자고, 나는 반듯이밖에는 누울 수 없는 병자이기 때문에 정은 내 왼편 귀에다가 코를 골아 넣었다. 위확장병으로 위 속에서 음식이 썩는 정의 입김은 실로 참을 수 없으리만큼 냄새가 고약한데, 이 입김을 후끈후끈 밤새도록 내 왼편 뺨에 불어 붙였다. 나는 속으로 정이 반듯이 누워 주었으면 하였으나 차마 그 말을 못하였다. 나는 이것을 향기로운 냄새로 생각해 보리라, 이렇게 힘도 써 보았다.

만일 그 입김이 아름다운 젊은 여자의 입김이라면 내가 불쾌하게 여기지 아니할 것이 아닌가? 아름다운 젊은 여자의 뱃속엔들 똥은 없으며 썩은 음식은 없으랴? 모두 평등이 아니냐? 이러한 생각으로 코고는 소리와 냄새 나는 입김을 잊어버릴 공부를 해 보았으나 공부가 그렇게 일조일석에 될 리가 만무하였다. 정더러 좀 돌아누워 달랄까 이런 생각을 하고는 또 하였다. 뒷절에서 울려오는 목탁 소리가 들릴 때까지 잠을 이루지 못하는 날이 많았다. 새벽 목탁 소리가 나면 아침 세 시 반이다. 딱딱딱 하는 새벽 목탁 소리는 퍽이나 사람의 맘을 맑게 하는 힘이 있다.

"원컨대는 이 종소리 법계*에 고루 퍼져지이다."
한다든지,

---

* **법계**(法界) 불법의 범위.

"일체 중생이 바로 깨달음을 얻어지이다."

하는 새벽 종 소리 구절이 언제나 생각키었다*. 인생이 괴로움의 바다요, 불붙는 집이라면, 감옥은 그 중에도 가장 괴로운 데다. 게다가 옥중에서 병까지 들어서 병감에 한정 없이 뒹구는 것은 이 괴로움의 세 겹 괴로움이다. 이 괴로운 중생들이 서로서로 괴로워함을 볼 때에 중생의 업보는 '헤어 알기 어려워라.' 한 말씀을 다시금 생각하지 아니할 수 없었다.

새벽 목탁 소리를 듣고 나서 잠이 좀 들만 하면 윤과 정은 번갈아 똥통에 오르기를 시작하고, 더구나 제 생각만 하지 남의 생각이라고는 전연* 하지 아니하는 정은 제가 흐뭇이 자고 난 것만 생각하고, 소리를 내어서 책을 읽거나, 또는 남들이 일어나기 전에 먼저 마음대로 물을 쓸 작정으로 세수를 하고 전신에 냉수 마찰을 하고, 그리고는 운동이 잘된다 하여 걸레질을 치고, 이 모양으로 수선을 떨어서 도무지 잠이 들 수가 없었다. 정은 기침* 시간 전에 이런 짓을 하다가 간수에게 들켜서 여러 번 꾸지람을 받았지마는 그래도 막무가내하였다.

떡 사건이 일어난 이튿날 키 작은 간병부가 우리 방 앞에 와서 누구를 향하여 하는 말인지 모르게 키 큰 간병부의 흉을 보기 시작했다. 그것은 어저께 싸움에 관한 이야기였다.

"키다리가 어저께 무어라고 해요? 꽤 분해하지요? 그놈 미친 놈이지, 내게 대들어서 무슨 이*를 보겠다고, 밥이라도 더 얻어먹고 상표라도 하나 타 보려거든 내 눈 밖에 나고는 어림도 없지, 간수나 부장이나 내 말을 믿지 제 말을 믿겠어요? 그런 줄도 모르고 걸핏하면 대든단 말야. 건방진 자식 같으니! 제가 아무리 지랄을 하기로니 내가

---

* 생각키다 생각나다.
* 전연(全然) 전혀.
* 기침(起寢) 잠자리에서 일어남.
* 이(利) 이익이나 이득.

눈이나 깜짝할 사람이오? 가만히 내버려 두지, 이따금 박박 긁어서 약을 올려놓고는 가만히 두고 보지. 그러면 똥구멍 찔린 소 모양으로, 저 혼자 영각*을 하고 날치지, 목이 다 쉬도록 저 혼자 떠들다가 좀 짐짓하게 되면 내가 또 듣기 싫은 소리를 한 마디 해서 박박 긁어 놓지. 그러면 또 길길이 뛰면서 악을 고래고래 쓰지. 그리고는 가만히 내버려 두지. 그러면 제가 어쩔 테야? 제가 아무렇기로 손찌검은 못할 터이지? 그러다가 간수나 부장한테 들키면 경을 제가 치지.”
하고 매우 고소한 듯이 웃는다. 아마 키 큰 간병부는 본감에 심부름을 가고 없는 모양이었다.

“참, 구 호(키 큰 간병부)는 미련퉁이야. 글쎄 햐쿠고상*하고 다투다니 말이 되나? 햐쿠고상은 주임이신데, 주임의 명령에 복종을 해야지.”
이것은 정의 말이다.

“사뭇 소라닝게. 경우를 타일러야 알아듣기나 하거디? 밤낮 면서기 당기던 게나 내세우지. 햐쿠고상도 퍽으나 속이 상하실 게요?”
이것은 윤의 말이다.

“무얼 할 줄이나 아나요? 아무것도 모르지. 게다가 흘게가 늦고 게을러빠지고 눈치는 없고…….”
이것은 키 작은 간병부의 말.

“그렇고말고요. 내가 다 아는걸. 일이야 햐쿠고상이 다 하시지. 규고상이야 무얼 하거디? 게다가 뽐내기는 경치게 뽐내지!”
이것은 윤의 말이다.

“그까짓 녀석 간수한테 말해서 쫓아 보내지? 나도 밑에 많은 사람을 부려 봤지마는 손 안 맞는 사람을 어떻게 부리오? 나 같으면 사흘 안

* 영각 소가 길게 우는 소리.
* 햐쿠고(百號)상 햐쿠고는 100호를 뜻함. ‘키 작은 간병부’를 가리킴.

에 내쫓아 버리겠소."

이것은 정의 말이다.

"그렇기로 인정간에 그럴 수도 없고 나만 꾹꾹 참으면 고만이라고 여태껏 참어 왔지요. 그렇지마는 또 한 번 그런 버르장머리를 해 봐라, 이번엔 내가 가만두지 않을걸."

이것은 키 작은 간병부의 말이다.

이 때에 키 큰 간병부가 약병과 약봉지를 가지고 왔다.

키 작은 간병부는,

"아마 오늘 전방들 하시게 될까 보오."

하고 우리 방으로 장질부사* 환자가 하나 오기 때문에 우리들은 다음 방으로 옮아가게 되었으니 준비를 해 두라는 말을 하고, 무슨 바쁜 일이나 있는 듯이 가 버리고 말았다.

키 큰 간병부는 '윤 참봉' '정 주사', 이 모양으로 농담삼아 이름을 불러 가며 병에 든 물약과 종이 주머니에 든 가루약을 쇠창살 틈으로 들여보낸다.

윤은 약을 받을 때마다 늘 하는 소리로,

"이깟 놈의 약 암만 먹으면 낫거디? 좋은 한약 서너 첩 먹었으면 금시에 열이 나리고 기침도 안 나고 부기도 빠지겠지만……."

하며 일어나서 약을 받아 가지고 돌아와 앉는다.

다음에는 정이 일어나서 창살 틈으로 바싹 다가가서 물약과 가루약을 받아들고 물러서려 할 때에 키 큰 간병부가 약봉지 하나를 정에게 더 주며,

"이거 내가 먹는다고 비리발괄*을 해서 얻어 온 거요. 애껴 먹어요. 많이만 먹으면 되는 줄 알고 다른 사람 사흘에 먹을 것을 하루에 다

---

* 장질부사(腸窒扶斯) 장티푸스. 티푸스균이 창자에 들어가 일으키는 급성 전염병.
* 비리발괄 '비대발괄'의 사투리. 억울한 사정을 하소연하면서 간절히 청하여 빎.

먹어 버리니 어떻게 해? 그 약을 누가 이루 댄단 말이오?"

"그러니깐 고맙단 말씀이지. 규고상, 나 그 알코올 솜 좀 얻어 주슈. 이번엔 좀 많이 줘요. 그냥 알코올은 좀 얻을 수 없나? 그냥 알코올 한 고뿌* 얻어 주시오그려. 사회에 나가면 내가 그 신세 잊어버릴 사람은 아니오."

"이건 누굴 경을 치울 양으로 그런 소리를 하오?"

"압다, 그 햐쿠고는 살랑살랑 오는 것만 봐도 몸에 소름이 쪽쪽 끼쳐. 제가 무엔데 제 형님뻘이나 되는 규고상을 그렇게 몰아세요? 나 같으면 가만두지 않을 테야!"

"흥, 주먹을 대면 고 쥐새끼 같은 놈 어스러지긴 하겠구."

정이 이렇게 키 큰 간병부에게 아첨하는 것을 보고 있던 윤이,

"규고상이 용하게 참으시거든. 그 악담을 내가 옆에서 들어도 이가 갈리건만 용하게 참으셔……. 성미가 그렇게 괄괄하신 이가 참 용하게 참으시거든!"

하고 깊이 감복하는 듯이 혀를 찬다.

얼마 뒤에 키 큰 간병부는 알코올 솜을 한 움큼 가져다가,

"세 분이 노나 쓰시오."

하고 들이민다. 정이 부리나케 일어나서,

"아리가도 고자이마쓰(고맙습니다.)."

하고는 그 솜을 받아서 우선 코에 대고 한참 맡아 본 뒤에 알코올이 제일 많이 먹은 듯한 데로 삼분의 이쯤 떼어서 제가 가지고, 그리고 나머지 삼분의 일을 둘로 갈라서 윤과 나에게 줄 줄 알았더니 그것을 또 삼분에 갈라서 그 중의 한 분은 윤을 주고 한 분은 나를 주고 나머지 한 분을 또 둘로 갈라서 한 분은 큰 솜 뭉텅이에 넣어서 유지로 꽁꽁 싸 놓

---

* **고뿌** 컵을 뜻하는 네덜란드 어인 'kop'를 일본말식으로 읽은 것.

고 나머지 한 분으로 얼굴을 닦고 손을 닦고 머리를 닦고 발바닥까지 닦아서는 내어 버린다. 그는 알코올 솜을 이렇게 많이 얻어서 유지에 싸 놓고는 하루에도 몇 번씩 얼굴과 손과 모가지를 닦는데 그것은 살결이 곱고 부드러워지게 하기 위함이라고 한다.

저녁을 먹고 나서 전방을 할 줄 알았더니 거진 다 저녁때가 되어서 키 작고 통통한 간수가 와서 쩔꺽 하고 문을 열어 젖뜨리며,

"뎀보, 뎀보(전방, 전방!)!"

하고 소리를 친다. 그 뒤로 키 작은 간병부가 와서,

"전방이요, 전방."

하고 통역을 한다. 정이 제 베개와 알루미늄 밥그릇을 싸 가지고 가려는 것을,

"안 돼, 안 돼!"

하고 간수가 소리를 질러서 아까운 듯이 도로 내어 놓고 간신히 겨우 알코올 솜뭉텅이만은 간수 못 보는 데 집어넣고, 우리는 주렁주렁 용수*를 쓰고 방에서 나와서 다음 방으로 들어갔다. 철컥 하고 문이 도로 잠겼다. 아랫목에는 민이 우리가 들어오는 것을 보고 어린애 모양으로 방글방글 웃고 앉아 있었다. 서로 떠난 지 이십여 일 동안에 민은 무섭게 수척하였다. 얼굴에는 그 옴팡눈만 있는 것 같고 그 눈도 자유로 돌지를 못하는 것 같았다.

두 무릎 위에 늘인 팔과 손에는 혈관만이 불룩불룩 솟아 있고 정강이는 무르팍 밑보다도 발목이 더 굵었다. 저러고 어떻게 목숨이 붙어 있나 하고 나는 이 해골과 같은 민을 보면서,

"요새는 무얼 잡수세요?"

하고 큰 소리로 물었다. 그의 귀가 여간한 소리는 듣지 못할 것같이 생

---

* 용수 죄수의 얼굴을 보지 못하도록 머리에 씌우는 둥근 통 같은 기구.

각됐던 까닭이다.

민은 머리맡에 삼분의 이쯤 남은 우유병을 가리키면서,

"서울 있는 매부가 돈 오 원을 차입해서 날마다 우유 한 병씩 사 먹지요. 그것도 한 모금 먹으면 더 넘어가지를 않아요. 맛은 고소하건만 목구멍에 넘어를 가야지, 내 매부가 부자지요. 한 칠백 석 하고 잘 살아요. 나가기만 하면 매부네 집에 가 있을 텐데, 사랑도 널찍하고 좋지요. 그래도 누이가 있으니깐, 매부도 사람이 좋구요. 육회도 해 먹고 배갈도 한 잔씩 따뜻하게 데워 먹고 하면 살아날 것도 같구먼!"

이런 소리를 하고 있었다. 그는 매부가 부자라는 것을 자랑하기 위해서 이런 말을 하는 모양이었다.

또 민의 바로 곁에 자리를 잡게 된 윤은 부채를 딱딱거리며,

"그래도 매부는 좀 사람인 모양이지? 집에선 아직도 아무 소식이 없단 말여? 이봐, 내 말대로 하라닝게. 간수장한테 면회를 청하고 집에 있는 세간을 다 팔아서 먹구푼 것 사 먹기도 하고, 변호사를 대어서 보석* 청원도 해요. 저렇게 송장이 다 된 것을 보석을 안 시킬 리가 있나? 인제는 광대뼈꺼정 빨갛다닝게. 저렇게 되면 한 달을 못 간다 말이어. 서방이 다 죽게 돼도 모르는 체하는 열아홉 살 먹은 계집년을 천량*을 남겨 주겠다고? 또 그까진 자식새끼, 나 같으면 모가지를 비틀어 빼어 버릴 테야! 저 봐. 할딱할딱 하는 게 숨이 목구멍에서만 나와. 다 죽었어, 다 죽었어."

하고 앙잘거린다*.

"글쎄, 이 자식이 오래간만에 만났거든 그래도 좀 어떠냐 말이나 묻는 게지. 그저 댓바람*에 악담이야? 네 녀석의 악담을 며칠 안 들어

＊ 보석(保釋) 일정한 보증금을 받거나 보증인을 세우고 형사 피고인을 구류에서 풀어 주는 일.
＊ 천량(錢糧) 개인 살림살이의 재산.
＊ 앙잘거리다 작은 소리로 원망스럽게 종알종알 군소리를 자꾸 내다.
＊ 댓바람 일이나 때를 당하여 서슴지 않고 당장. 또는 일이나 때를 당하여 단 한 번에.

서 맘이 좀 편안하더니 또 요길 왔어? 너도 손발이 통통 분 게 며칠 살 것 같지 못하다. 아이고 제발 그 악담 좀 말아라."

민은 이렇게 말하고 한숨을 쉬고는 자리에 눕는다.

이방에는 민 외에 강이라고 하는 키 커다랗고 건장한 청년 하나가 아랫배에 붕대를 감고 벽에 기대어 앉아 있었다. 나중에 들으니 그는 어떤 신문 지국 기자로서, 과부 며느리와 추한 관계가 있다는 부자 하나를 공갈을 해서 돈 일천육백 원을 빼앗아 먹은 죄로 붙들려 온 사람이라고 하며, 대단히 성미가 괄괄하고 비위에 거슬리는 일은 참지를 못하는 사람이 되어서, 가끔 윤과 정을 몰아세웠다.

윤이 민을 못 견디게 굴면 반드시 윤을 책망하였고, 정이 윤을 못 견디게 굴면 또 정을 몰아세운다. 정과 윤은 강을 향하여 이를 갈았으나 강은 두 사람을 깍정이*같이 멸시하였다. 윤 다음에 정이 눕고 정의 곁에 강이 눕고, 강 다음에 내가 눕게 된 관계로 강과 정과가 충돌할 기회가 자연 많아졌다. 강은 전문 학교까지 졸업한 사람이기 때문에 지식이 상당하여서 정이 아는 체하는 소리를 할 때마다 사정없이 오금을 박았다.

"어디서 한 마디 두 마디 줏어들은* 소리를 가지고 아는 체하고 지절대오? 시골 구석에서 무식한 농민들 속여 먹던 버르장머리를 아무 데서나 하려 들어? 싱글벙글하는 당신 상판대기에 나는 거짓말쟁이오 하고 뚜렷이 써 붙였어. 인젠 낫살도 마흔댓 살 먹었으니 죽기 전에 사람 구실을 좀 해 보지. 댁이 의학은 무슨 의학을 아노라고 걸핏하면 남에게 약처방을 하오? 다른 사기는 다 해 먹더라도 잘 알지도 못하는 의원 노릇을랑 아예 말어. 침도 아노라, 한방의도 아노라, 양의도 아노라, 그렇게 아는 사람이 어디 있어? 당신이 그따위로 사람

---

* 깍정이 깍쟁이.
* 줏어듣다 '주워듣다' 의 사투리.

을 많이 속여 먹었으니 배때기가 온전할 수가 있나? 욕심은 많아서 한 끼에 두 사람 세 사람 먹을 것을 처먹고는 약을 처먹어, 물을 처먹어, 그리고는 방귀질, 또 똥질, 트림질, 게다가 자꾸 토하기까지 하니 그놈의 냄새에 곁엣사람이 살 수가 있나? 그렇게 처먹고 밥주머니가 늘어나지 않어? 게다가 한다는 소리가 밤낮 거짓말 ……. 싱글벙글 웃기는 왜 웃어? 누가 이쁘다는 게야? 알코올 솜으로 문지르기만 하면 상판대기가 예뻐지는 줄 아슈? 그 알코올 솜도 나랏돈이오. 당신네 집에서 언제 제 돈 가지고 알코올 한 병 사 봤어? 벌써 꼬락서니가 생전 사람 구실 해 보기는 틀렸소마는, 제발 나 보는 데서만은 그 주둥아리 좀 닫치고 있어요."

강은 자기보다 근 이십 년이나 나이 많은 정을 이렇게 몰아세운다.

한 번은 점심때에 자반 멸치 한 그릇이 들어왔다. 이것은 온 방 안에 있는 사람들이 골고루 나누어 먹으라는 것이다. 멸치야 성한 것은 한 개도 없고, 꼬랑지, 대가리 모두 부스러진 것뿐이요, 게다가 짚검불이며, 막대기며, 별의별 것이 다 섞여 있는 것들이나, 그래도 감옥에서는 한 주일에 한 번이나 두 주일에 한 번밖에는 못 얻어먹는 별미여서, 이러한 반찬이 들어오는 날은 모두들 생일이나 명절을 당한 것처럼 기뻐하였다. 정은 여전히 밥 받아들이는 일을 맡았기 때문에 이 멸치 그릇을 받아서 젓가락으로 뒤적거리며 살이 많은 것은 골라서 제 그릇에 먼저 덜어 놓고, 대가리와 꼬랑지만을 다른 네 사람을 위하여 내어놓았다. 내가 보기에도 정이 가진 것은 절반은 다 못되어도 삼분의 일은 훨씬 넘었다. 그러나 정의 눈에는 그것이 멸치 전체의 오분의 일로 보인 모양이었다.

나는 강의 입에서 반드시 벼락이 내릴 것을 예기하고, 그것을 완화해 볼 양으로 정더러,

"여보시오, 멸치가 고르게 분배되지 않은 모양이니 다시 분배를 하시

오."

하였으나, 정은 자기 그릇에 담았던 멸치 속에서 그 중 맛 없을 만한 것 서너 개를 골라서 이 쪽 그릇에 덜어 놓을 뿐이었다. 그리고는 대단히 맛나는 듯이 제 그릇의 멸치를 집어먹는데, 그것도 그 중 맛나 보이는 것을 골라서 먼저 먹었다.

민은 아무 욕심도 없는 듯이 쌀뜨물 같은 미음을 한 모금 마시고는 놓고, 또 한 모금 마시고는 놓고 할 뿐이요, 멸치에 대해서는 아무 관심 이 없는 모양이었으나, 윤은 못마땅한 듯이 연해 정을 곁눈으로 흘겨보 면서 그래도 멸치를 골라 먹고 있었다. 강만은 멸치에는 젓가락을 대어 보지도 않고, 조밥 한 덩이를 다 먹고 나더니마는 멸치 그릇을 들어서 정의 그릇에 쏟아 버렸다. 나도 웬일인지 멸치에는 젓가락을 대지 아니 하였다.

정은 고개를 번쩍 들어 강을 바라보며,

"왜, 멸치 좋아 안하셔요?"

"우린 좋아 아니해요. 두었다 저녁에 자시오."

하고 강은 아무 말 없이 물을 먹고는 제자리에 가서 드러누웠다. 나는 강의 속에 무슨 생각이 났는지 몰라 우습기도 하고 궁금하기도 하였다.

정은 역시 강의 속이 무서운 모양이었으나, 다섯 사람이 먹을 멸치를 게다가 소금 절반이라고 할 만한 멸치를 거진 다 먹고 조금 남은 것을 저녁에 먹는다고 라디에이터* 밑에 감추어 두었다.

정은 대단히 만족한 듯이 싱글싱글 웃으며 제자리에 와 드러누웠다. 그러더니 얼마 아니해서 코를 골았다. 식곤증이 난 모양이라고 나는 생 각하였다. 아무리 위장이 튼튼한 장정 일꾼이라도 자반 멸치 한 사발을 다 먹고 무사히 내릴 리는 없을 것 같았다. 강도 그 눈치를 알았는지 배

＊ 라디에이터(radiator)　증기나 온수의 열을 발산하여 공기를 데우는 난방 장치. 방열기.

에 붕대를 끌러 놓고 부채로 수술한 자리에 바람을 넣으면서 픽픽 웃고 앉았더니, 문득 일어나서 물 주전자 있는 자리에 와서 그것을 들어 흔들어 보고 그리고는 뚜껑을 열어 보았다. 강은 나와 윤에게 물을 한 잔씩 따라서 권하고, 그리고는 자기가 두 보시기*나 마시고 그 나머지로는 수건을 빨아서 제 배를 훔치고, 그리고는 물 한 방울도 없는 주전자를 마룻바닥에 내어 던지듯이 덜컥 놓고는 제자리에 돌아와 앉았다.

강이 하는 양을 보고 앉았던 윤은,

"강 선생, 그것 잘 하셨소. 흥, 이제 잠만 깨면 목구멍에 불이 일어날 것이닝게."

하고는 주전자 뚜껑을 열어 물이 한 방울도 아니 남은 것을 보고 제자리에 돌아와 앉는다.

정은 숨이 막힐 듯이 코를 골더니 한 시간쯤 지나서 눈을 번쩍 뜨며 일어나는 길로 주전자 앞으로 달려갔다. 그러나 주전자에 물이 한 방울도 없는 것을 보고 와락 화를 내어 주전자를 내동댕이를 치고 윤을 흘겨보면서,

"그래, 물을 한 방울도 안 남기고 자신단 말이오? 내가 아까 물이 있는 걸 보고 잤는데……. 그렇게 남의 생각을 아니하고 제 욕심만 채우니깐두루 밤낮 똥질을 하지."

하고 트집을 잡는다.

"뉘가 할 소리여? 그게 춘치자명*이라는 것이어."

하고 윤은 점잖을 뺀다.

"물은 내가 다 먹었소."

하고 강이 나앉는다.

---

* **보시기** 김치나 깍두기 따위를 담는 반찬 그릇의 하나. 모양은 사발 같으나 높이가 낮고 크기가 작다.
* **춘치자명**(春雉自鳴) '봄철의 꿩이 스스로 운다'는 뜻으로, 시키거나 요구하지 않아도 자기 스스로 함을 이르는 말.

"며루치는 댁이 다 먹었으니, 우리는 물로나 배를 채워야 아니하오? 며루치도 혼자 다 먹고 물도 혼자 다 먹었으면 속이 시원하겠소?"

정은 아무 말도 아니하였다. 그러나 목이 말라 죽을 지경인 모양이었다. 그는 누웠다 앉았다 도무지 자리를 잡지 못하였다. 그가 가끔 일어나서 철창으로 복도를 바라보는 것은 간병부더러 물을 청하려는 것인 듯하였다. 그러나 간병부는 어디 갔는지 좀체로 보이지 아니하였고, 그 동안에 간수와 부장이 두어 번 지나갔으나 차마 물 달라는 말은 나오지 않는 모양이었다. 그 동안이 퍽 오래 지난 것 같았다. 이 때에 키 작은 간병부가 왔다. 정은 주전자를 들고 일어나서 창으로 마주 가며,

"햐쿠고상, 여기 물 좀 주세요. 도무지 무엇을 먹지 못하니깐두루 헛헛증*이 나고, 목이 말라서. 물이 한 방울도 없구먼요."

하고 얼굴 전체가 웃음이 되어 아첨하는 빛을 보인다.

"여기를 어딘 줄 아슈? 감옥살이를 일 년이나 해도 감옥소 규칙도 몰라? 저녁때 아니고 무슨 물이 있단 말이오?"

백호는 이렇게 웃어 버린다. 정은 주전자를 높이 들어 흔들며,

"그러니까 청이지요. 목마른 사람에게 물 한 잔 주는 것도 급수 공덕*이라는 말을 못 들으셨어요? 한 잔만 주세요. 수통에서 얼른 길어오면 안 되오?"

"그렇게 배도 곯아 보고, 목도 좀 말라 보아야 합니다. 남의 돈 공으로 먹으랴다가 붙들려 왔으면 그만한 고생도 안해?"

하고 말하다가 간수 오는 것을 봄인지, 간병부는 얼른 가 버리고 만다. 정은 머쓱해서 주전자를 방바닥에 놓고 자리에 와 앉는다. 옆방 장질부사 환자의 간호를 하고 있는 키 큰 간병부가 통행 금지하는 줄 저편에서 고개를 갸웃하여 우리들이 있는 방을 들여다보며,

---

* 헛헛증 뱃속이 빈 듯한 느낌. 또는 그런 증세.
* 급수 공덕(汲水功德) 목마른 사람에게 물을 길어다 주는 공덕.

"정 주사, 물 좀 줄까? 얼음 냉수 좀 줄까?"

하고 환자 머리 식히는 얼음 주머니에 넣던 얼음 조각을 한 줌 들어 보인다. 정은 벌떡 일어나서 창 밑으로 가며,

"규고상, 그거 한 덩이만 던져 주슈."

하고 손을 내민다.

"이건 왜 이래? 장질부사 무섭지 않어? 내 손에 장질부사균이 득시글득시글한다나."

"압다, 그 소독물에 좀 씻어서 한 덩어리만 던져 주세요. 아주 목이 타는 것 같구료. 그렇잖으면 이 주전자에다가 물 한 구기*만 넣어 주세요. 아주 가슴에 불이 인다니깐."

"아까 들으니까 며루치를 혼자 자시는 모양입디다그려. 그걸 그냥 삭혀야지 물을 먹으면 다 오줌으로 나가지 않우? 그냥 삭혀야 얼굴이 반드르해진단 말야."

그리고는 키 큰 간병부는 새끼손가락만한 얼음 한 덩이를 정을 향하고 집어던졌으나, 그것이 하필 쇠 창살에 맞고 복도에 떨어져 버리고 말았다. 그리고는 키 큰 간병부는 얼음 주머니를 가지고 방으로 들어가 버렸다.

정은 제자리에 돌아와 고개를 숙이고 앉았다.

"소금을 자슈. 체한 데는 소금을 먹어야 하는 게야."

이것은 강의 처방이었다. 정은 원망스러운 듯이 강을 한번 힐끗 돌아보고는 입맛을 다셨다.

"저 타구*에 물이 좀 있지 않어? 양춧물은 남의 세 갑절 쓰지? 그게 저 타구에 있지 않어? 그거라도 마시지."

이것은 윤의 말이었다.

＊**구기** 술이나 기름, 죽 따위를 풀 때에 쓰는 기구. 자루가 국자보다 짧고, 바닥이 오목하다.
＊**타구(唾具)** 가래나 침 뱉는 그릇.

"아까 짠 것을 너무 자십디다. 속도 좋지 않은 이가 그렇게 자시고 무사할 리가 있소?"

하고 민이 자기 머리맡에 놓았던 반쯤 남은 우유병을 정에게 주었다.

"이거라도 자셔 보슈."

"고맙습니다. 그저 병환이 하루바삐 나으시고 무죄가 되어서 나갑소사."

하고 정은 정말 합장하여 민에게 절을 하고 나서 그 우유병을 단숨에 들이켰다.

"사람들이 그래서는 못 쓰는 것이오. 남을 위할 줄 알아야 쓰는 게지. 남을 괴롭게 하고 비웃고 하면 천벌을 받는 법이오. 하느님이 다 내려다보시고 계시거든!"

정은 이렇게 한바탕 설교를 하고 다시는 물 얻어먹을 생각도 못하고 누워 버리고 말았다.

"당신이 사람은 아니오. 너무 처먹어서 목이 갈한 데다가 또 우유를 먹으면 어떡허자는 말이오? 흥, 뱃속에서 야단이 나겠수. 탐욕이 많으면 그런 법입니다. 저 먹을 만큼만 먹으면 배탈이 왜 난단 말이오? 그저 이건 들여라 들여라니 당신 그러다가는 장위*가 아주 결딴이 나서 나중엔 미음도 못 먹게 되오! 알긴 경치게 많이 알면서 왜 제 몸 돌아볼 줄만은 몰라? 그리고는 남더러 천벌을 받는다고. 인제 오늘 밤중쯤 되면 당신이야말로 천벌 받는 것을 내가 볼걸."

강은 이렇게 빈정대었다.

이러는 동안에 또 저녁 먹을 때가 되었다. 저녁 한 때만은 사식을 먹는 정은 분명히 저녁을 굶어야 옳을 것이언만, 받아 놓고 보니 하얀 밥과 섭산적*과 자반 고등어와 쇠꼬리국을 그냥 내어 놓을 수는 없는 모

---

* **장위**(腸胃) 창자와 위를 아울러 이르는 말. 또는 입에서 항문까지의 소화 기관을 이르는 말.
* **섭산적** 쇠고기를 잘게 다져 갖은 양념을 하고 둥글넓적하게 만들어서 구운 적.

양이었다.

"저녁을랑 좀 적게 자시지오?"

하는 내 말에 정은,

"내가 점심에 무얼 먹었다고 그라십니까? 왜 다들 나를 철없는 어린 애로 아슈?"

하고 화를 내었다.

정은 저녁 차입을 다 먹고 점심에 남겼던 멸치도 다 훑어 먹고, 그렇게도 그립던 물을 세 보시기나 벌꺽벌꺽 마셨다.

'슈우신(취침).' 하는 소리에 우리들은 다 자리에 누워서 잠을 기다리고 있었다. 정은 대단히 속이 거북한 모양이어서 두어 번이나 일어나서 소금을 먹고는 물을 마셨다. 그리고도 내 약봉지에 남은 소화약을 세 봉지나 달래서 다 먹었다.

옆방에 옮아온 장질부사 환자는 연해 앓는 소리와 헛소리를 하고 있었다. 집으로 보내어 달라고 소리를 지르고 '아주머니 아주머니.' 하고 목을 놓아 울기도 하였다. 이 젊은 장질부사 환자의 앓는 소리에 자극이 되어서 좀체로 잠이 들지 아니하였다. 내 곁에 누운 간병부는 그 환자에 대하여 내 귀에 대고 이렇게 설명하였다.

"저 사람이 ×전* 출신이라는데, 지금 스물일곱 살이래요. 황금정에 가게를 내고 장사를 하다가 그만 밑져서 화재 보험을 타먹을 양으로 불을 놓았다나요, 그래 검사한테 십 년 구형을 받았대요. 십 년 구형을 받고는 법정에서 졸도를 했다고요. 의사의 말이 살기가 어렵다는 걸요. 집엔 부모도 없고, 형수 손에 길리었다고요. 그래서 저렇게 아주머니만 찾아요. 사람은 괜찮은데 어쩌다가 나 모양으로 불 놓을 생각이 났는지."

---

* ×전 ×× 전문 학교의 준말.

장질부사 환자는 여전히 아주머니를 찾고 있었다.

정은 밤에 세 번이나 일어나서 토하였다. 방 안에는 멸치 비린내 나는 시큼한 냄새가 가뜩 찼다. 윤과 강은 이거 어디 살겠느냐고 정에게 핀잔을 주었으나 정은 대꾸할 기운도 없는 모양인지 토하는 일이 끝나고는 배멀미 하는 사람 모양으로 비틀비틀 제자리에 돌아와 쓰러져 버렸다. 이것이 빌미가 되어서 정은 이틀이나 사흘 만에 한 번씩은 토하는 증세가 생겼는데, 그래도 정은 여전히 끼니때마다 두 사람 먹을 것을 먹었고, 그러면서도 토할 때에 간수한테 들키면 아무것도 먹은 것은 없는데 저절로 뱃속에 물이 생겨서 이렇게 토하노라고 변명을 하였다. 그리고는 우리들을 향하여서도,

"글쎄 조화 아니야요? 아무것도 먹은 것이 없는데 이렇게 물이 한 타구씩 배에 고인단 말이야요. 나를 이 주일만 놓아 주면 약을 먹어서 단박에 고칠 수가 있건마는."

이렇게 아무도 믿지 아니하는 소리를 지껄이는 것이었다.

민의 모양이 시간시간 글러지는 양이 눈에 띄었다. 요새 며칠째는 윤이 아무리 긁적거려도 한 마디의 대꾸도 아니하였고 똥통에서 내려오다가도 두어 번이나 뒹굴었다. 그는 눈알도 굴리지 못하는 것 같고 입도 다물 기운이 없는 것 같았다. 우리는 밤에 자다가도 가끔 그가 숨이 남았나 하고 고개를 쳐들어 바라보게 되었다. 그래도 어떤 때에는 흰밥이 먹고 싶다고 한 숟가락을 얻어서 입에 물고 어물어물하다가 도로 뱉으며,

"인제는 밥도 무슨 맛인지 모르겠어. 배갈이나 한 잔 먹으면 어떨지?"

하고 심히 비감한 빛을 보였다. 민은 하루에 미음 두어 숟갈 물 두어 모금만으로 목숨을 부지하고 있었다. 하루는 의무과장이 와서 진찰을 하고 복막에서 고름을 빼어 보고 나가더니, 이삼 일 지나서 취침 시간이

지난 뒤에 보석이 되어 나갔다. 그래도 집으로 나간단 말이 기뻐서, 그는 벙글벙글 웃으면서 보퉁이를 들고 비틀비틀 걸어나갔다.

"흥, 저거 인제 나가는 길로 뒈지네."

하고 윤이 코웃음을 하였다. 얼마 있다가 민을 부축하고 나갔던 간병부가 들어와서,

"곧잘 걸어요. 곧잘 걸어나가요. 펄펄 날뛰던데!"

하고 웃었다.

"나도 보석이나 나갔으면 살아날 텐데……."

하고 정이 퉁퉁 부은 얼굴에 싱글싱글 웃으면서 입맛을 다셨다.

"내가 무어라고 했어? 코끝이 고렇게 빨개지고는 못 산다닝게. 그리고 성미가 고따위로 생겨먹고 병이 낫거디? 의사가 하라는 건 죽어라 하고 안하거든. 약을 먹으라니 약을 처먹나. 그건 무가내*닝게."

윤은 이런 소리를 하였다.

"흥, 똥 묻은 개가 겨 묻은 개 흉본다. 댁이 누구 흉을 보아? 밤낮 똥질을 하면서도 자꾸 처먹고."

이것은 정이 윤을 나무라는 것이었다.

"허허, 허허. 참 입들이 보배요. 남이 제게 할 소리를 제가 남에게 하고 있다니까. 아아 참."

이것은 강이 정을 보고 하는 소리였다.

민이 보석으로 나가던 날 밤, 내가 한잠을 자고 무슨 소리에 놀라 깨었을 때에, 나는 곁방 장질부사 환자가 방금 운명하는 중임을 깨달았다. 꿍꿍 소리와 함께 목에 가래 끓는 소리가 고요한 새벽 공기를 울려 오는 것이었다. 그 방에 있는 간병부도 잠이 든 모양이어서 앓는 사람의 숨 모으는 소리뿐이요, 도무지 인기척이 없었다. 나는 내 곁에서 자

---

* 무가내(無可奈) 막무가내. 도무지 융통성이 없고 고집이 세어 어찌할 수 없음.

는 간병부를 깨워서 이 뜻을 알렸다. 간병부는 간수를 부르고 간수는 비상 경보 하는 벨을 눌러서 간수부장이며 간수장이 달려오고, 얼마 있다가 의사가 달려왔다. 그러나 의사가 주사를 놓고 간 뒤 반 시간이 못 하여 장질부사 환자는 마침내 죽어 버렸다.

이튿날 아침에 죽은 청년의 시체가 그 방에서 나가는 것을 우리는 엿보았다. 붕대로 싸맨 얼굴은 아니 보이나 길다란 검은 머리카락이 비죽이 내어민 것이 처량하였다. 그는 머리를 무척 아낀 모양이어서 감옥에 들어온 지 여러 달이 되도록 머리를 남겨 둔 것이었다. 아직 장가도 아니 든 청년이니 머리에 향내 나는 포마드*를 발라 산뜻하게 갈라 붙이고 면도를 곱게 하고, 얼굴에 파우더를 바르고 나섰을 법도 한 일이었다. 그는 인생 향락의 밑천을 얻을 양으로 장사를 시작하였다가 실패하였다. 실패하자 돈에 대한 탐욕은 마침내 제 집에 불을 놓아 화재 보험금을 사기하리라는 생각까지 내게 하였고, 탐욕으로 원인을 하는 이 큰 죄악에서 오는 당연한 결과로 경찰서 유치장을 거쳐 감옥살이를 하다가, 믿지 못할 인생을 끝막음한 것이다. 나는 그가 어느 날 밤에 집에 불을 놓을 결심을 하던 양을 상상하다가, 이왕 죽어 버린 불쌍한 젊은 혼에게 대하여 미안한 생각이 나서, 뒷문으로 나가는 그의 시체를 향하여 합장하고 고개를 숙였다. 그 시체의 뒤에는 그가 헛소리로까지 부르던 아주머니가 그 남편과 함께 눈물을 씻으며 소리 없이 따라가는 것이 보였다. 그를 간호하던 키 큰 간병부 말이, 그는 죽기 전 이삼 일 동안은 정신만 들면 예수교 식으로 기도를 올렸다고 하며, 또 잠꼬대 모양으로 '하느님 하느님.' 하고 부르고 예수의 십자가의 공로로 이 죄인을 용서하여 달라고 중얼거리더라고 한다. 그는 본래 예수교의 가정에서 자라서, 중학교나 전문 학교를 다 교회 학교에서 마쳤다고 한다. 생각

---

* 포마드(pomade) 윤과 향을 내기 위해 머리털에 바르는 반고체의 진득진득한 기름.

건대는, 재물이 풍성함으로 사는 것이 아니라는 예수의 말씀이 잘 믿어지지 아니하여 돈에서 세상 영화를 구하려는 데몬*의 유혹에 걸렸다가 거진 다 죽게 된 때에야 본심에 돌아간 모양이었다.

이 날은 날이 심히 덥고 볕이 잘 나서, 죽은 사람의 방에 있던 돗자리와 매트리스와 이불과 베개와를 우리가 일광욕하는 마당에 내어 널었다. 그 베개가 촉촉히 젖은 것은 죽은 사람이 마지막으로 흘린 땀인 모양이었다. 입에다가 가제* 마스크를 대고 시체가 있던 방을 치우고 소독하던 키 큰 간병부는 크레졸* 물에다가 손과 팔뚝을 뻑뻑 문지르며,

"이런 제에길, 보름 동안이나 잠 못 자고 애쓴 공로가 어디 있나? 팔자가 사나우니깐 내 어머니 임종*도 못한 녀석이 엉뚱한 다른 사람의 임종을 다 했지. 허허."

하고 웃었다.

그 청년이 죽어 나간 뒤로부터 며칠 동안 윤이나 정이나 나나 대단히 침울하였다.

윤의 기침은 점점 더하고 열도 오후면 삼십팔 도 칠 부 가량이나 올라갔다. 그는 기침을 하고는 지리가미에 담*을 뱉어서 아무 데나 내어버리고, 열이 올라갈 때면 혼몽해서* 잠을 자다가는 깨기만 하면 냉수를 퍼먹었다. 담을 함부로 뱉지 말고 타구에 뱉으라고 정도 말하고 나도 말하였지마는 그는 종시* 듣지 아니하고 내 자리 밑에 넣은 지리가미를 제 마음대로 집어다가는 하루에도 사오십 장씩이나 담을 뱉어서

---

* 데몬(demon) 악마, 귀신.
* 가제(Gaze) 가볍고 부드러운 무명베. 흔히 붕대로 사용한다. 거즈.
* 크레졸(cresol) 콜타르에서 얻는 연한 갈색의 약산성 액체. 살균력이 강하여 소독제나 방부제 따위로 쓴다.
* 임종(臨終) 부모가 돌아가실 때 그 곁에 지키고 있음.
* 담(痰) 가래. 잿빛 흰색 또는 누런 녹색의 차진 풀같이 생겼으며 기침 따위로 밖으로 나온다.
* 혼몽하다 정신이 흐릿하고 가물가물하다.
* 종시(終是) 끝내.

내어 던지고, 그가 기침이 나서 누에 모양으로 고개를 내어 두르며 캑캑 기침을 할 때에 곁에 누웠던 정이 윤더러 고개를 저 쪽으로 돌리고 기침을 하라고 소리를 지르면, 윤은 심사*로 더욱 정의 얼굴을 향하고 캑캑거렸다.

"내가 폐병인 줄 아나? 왜? 내 기침은 폐병 기침은 아니어. 내 기침이야 깨끗하지. 당신 왝왝 돌리는 게나 좀 말어, 제발……"
하고 윤은 도리어 핀잔을 주었다.

정은 마침내 간병부를 보고 윤이 기침이 대단한 것과 함부로 담을 뱉으니, 그 담에 균이 있나 없나 검사해야 될 것을 주장하였다.

"검사해 보아, 검사해 보아. 내가 폐병일 줄 알고? 내가 이래 뵈어도 철골이어던. 이게 해수 기침이지 폐병 기침은 아녀."
하고 윤은 정을 흘겨보았다. 그 문제로 해서 그 날 온종일 윤과 정은 으르렁거리고 있다가 그 이튿날 아침 진찰 시간에 정은 의사와 간병부가 있는 자리에서, 윤이 기침이 심하고 담을 많이 배앝고 또 아무 데나 함부로 뱉는 것을 말하여 의사의 주의를 끌고 윤에게 망신을 주었다. 방에 돌아오는 길로 윤은 정을 향하여,

"댁이 나와 무슨 원수야? 댁이 끼니때마다 밥을 속여, 베개를 셋씩이나 베어, 밤마다 토해, 이런 소리를 내가 간수보고 하면 댁이 경칠 줄 몰라? 임자가 그따위 개도 안 먹을 소갈머리를 가졌으닝게 처먹는 게 살이 안 되는 게여. 속에서 푹푹 썩어서 똥구멍으로 나갈 게 아가리로 나오는 게야. 댁의 상판대기를 보아요. 누렇게 들뜬 것이, 저러고 안 죽는 법 있어? 누가 여기서 먼저 죽어 나가나 내기 할까?"
하고 대들었다.

담 검사한 결과는 그로부터 사흘 후에 알려졌다. 키 작은 간병부의

＊ 심사(心思) 마음에 맞지 않아 어깃장을 놓고 싶은 마음.

말이, 플러스 플러스 열 십(十)자가 세 개나 적혔더라고 한다. 윤은 멀거니 간병부와 나를 번갈아 쳐다보며,

"플러스 플러스는 무어고, 열 십자 세 개는 무어여?"

하고 근심스럽게 물었다.

"폐병 버러지가 득시글득시글 한단 말여."

하고 정이 가로맡아 대답을 하였다.

"당신더러 묻는 말 아니여."

하고 정에게 핀잔을 주고 나서, 윤은,

"내 담에 아무것도 없지라오? 열 십자 세 개란 무어여?"

하고 간병부를 쳐다본다.

간병부는 빙그레 웃으며,

"괜찮아요. 담에 무엇이 있는지야 의사가 알지 내가 알아요?"

하고는 가 버리고 말았다.

정이 제자리를 윤의 자리에서 댓 치*나 떨어지게 내 쪽으로 당기어 깔고,

"저 담벼락 쪽으로 바짝 다가서 누워요. 기침할 때에는 담벼락을 향하고, 담을랑 타구에 배알고. 사람의 말 주릴 하게도 안 듣네. 당신 담에 말이오 폐결핵균이 말이야, 폐병 벌거지*가 말이야, 대단히 많단 말이우. 열 십자가 하나면 좀 있단 말이고, 열 십자가 둘이면 많이 있단 말이우, 열 십자가 셋이면 대단히 많이 있단 말이야, 인제 알아들었수? 그러니깐두루 말이야, 다른 사람 생각을 좀 해서 함부로 담을 뱉지 말란 말이오."

하는 말을 듣고 윤의 얼굴은 해쓱해지며, 내게,

"진상, 그게 정말인게오?"

＊ 치 길이의 단위. 한 치는 한 자의 10분의 1, 즉 약 3.33cm.
＊ 벌거지 '벌레' 의 사투리.

하고 묻는 소리가 떨렸다. 나는,

"내일 의사가 무어라고 말씀하겠지요."

할 뿐이고 그 이상 더 할 말이 없었다.

저녁때가 다 되어서 키 작은 간병부가 와서,

"윤 서방! 전방이오 전방. 좋겠소, 널찍한 방에 혼자 맡아 가지고 정 서방하고 쌈도 안 하고. 인제 잘 됐어. 어서 짐이나 차려요."

하는 말에 윤은 자리에서 벌떡 일어나 앉으며, 간병부를 눈 흘겨보면 서,

"여보, 그래 댁은 나와 무슨 웬수란 말이오? 내 담을 갖다가 검사를 시키고, 그리고 나를 사람 죽은 방에 혼자 가 있게 해? 날더러 죽으란 말이지? 난 그 방 안 가오. 어디 어떤 놈이 와서 나를 그 방으로 끌어가나 볼라오. 내가 그놈과 사생 결단을 할 터이닝게. 그래 이 따위 입으로 똥싸는 더러운 병자는 가만 두고, 나 같은 말짱한 사람을 그래 사람 죽은 방으로 혼자 가래? 햐쿠고상, 나를 사람 죽은 방으로 보내고 그래 댁이 앙화*를 안 받을 듯싶소?"

하고 악을 썼다.

"왜 날더러 그러오? 내가 당신을 어디로 보내고 말고 하오? 또 제가 전염병이 있으면 가란 말 없어도 다른 사람 없는 데로 가는 게지, 다른 사람들까지 병을 묻혀 놓려고? 심사가 그래서는 못 써. 죽을 날이 가깝거든 맘을 좀 착하게 먹어. 이건 무슨 퉁명이야?"

간병부는 이렇게 말하고 코웃음을 웃으며 가 버린다.

간병부가 간 뒤에는 윤은 정에게 원망하는 말을 퍼부었다. 제 담 검사를 정이 주장하였다는 것이다. 그는 정이 죽어 나가는 것을 맹세코 제 눈으로 보겠다고 장담하고, 또 만일 불행히 제가 먼저 죽으면 죽은

＊ 앙화(殃禍) 어떤 일로 인하여 생기는 재난. 또는 지은 죄의 앙갚음으로 받는 재앙.

귀신이라도 정에게 원수를 갚을 것을 선언하였다. 정은 아무 말도 아니하고 고소한 듯이 싱글벙글 웃기만 하고 있더니,

"흥, 그리 마오. 당신이 그런 악한 맘을 가졌으니깐두루 그런 악한 병을 앓게 되는 게유. 당신이야말로 민 영감을 그렇게 못 견디게 굴었으니깐두루 민 영감 죽은 귀신이 지금 와서 원수를 갚는 게야. 흥, 내가 왜 죽어? 나는 말짱하게 살아 나갈걸. 나는 얼마 아니면 공판이야. 공판만 되면 무죄야. 이거 왜 이러오?"

하고 드러누워서 소리를 내어 불경책을 읽기 시작한다.

정은 교회사를 면회하고 〈무량수경〉*을 얻어다가 읽기 시작한 지가 벌써 이 주일이나 되었다. 그는 순한문 경문의 뜻을 알아볼 만한 학문의 힘이 없는 모양이었으나 이렇게도 토를 달아 보고 저렇게도 토를 달아 보면서 그래도 부지런히 읽었고, 가끔 가다가 제가 깨달았다고 하는 구절을 장한 듯이 곁엣사람에게 설명조차 하였다. 그는 곁방에서도 다 들리리만큼 큰 소리로 서당에서 아이들이 글 읽는 모양으로 낭독을 하였고, 취침 시간 후이거나 기상 시간 전이거나 곁엣사람이야 자거나 말거나 제 맘만 내키면 그것을 읽었다. 한 번은 지나가던 간수가 소리를 내지 말라고 꾸중할 때에 그는 의기양양하게 '자기가 읽는 것은 불경이라.'고 대답하였다. 그가 때때로 설명하는 것을 들으면 〈무량수경〉 속에 있는 뜻을 대충은 아는 모양이었으나 그는 그것을 실행에 옮길 생각은 아니하는 것 같아서 불경을 읽은 지 이 주일이 넘어도 남을 위한다는 생각은 조금도 나는 것 같지 아니하였다. 한 번은 윤이,

"흥, 그래도 죽어서 좋은 데는 가고 싶어서, 경을 읽기만 하면 되는 줄 알구. 행실을 고쳐야 하는 게여!"

하고 빈정댈 때에 옆에서 강이,

---

* 〈무량수경(無量壽經)〉 정토 삼부경의 하나로 아미타불의 48원과 중생이 극락 왕생하는 인과를 설명한 경전.

"그러지 마시오. 그 양반 평생 첨으로 좋은 일 하는 게요. 입으로 읽기만 하여도 내생 내내생쯤은 부처님 힘으로 좀 나아지겠지."

이렇게 대꾸를 하였다.

"앗으우. 불경 읽는 사람을 곁에서 그렇게 비방들을 하면 지옥에를 간다고 했어."

이렇게 뽐내고 정은 왕왕 소리를 내어 읽었다. 사람 죽은 방으로 간다는 걱정으로 자못 맘이 편안치 못한 윤이 정의 글 읽는 소리에 더욱 화를 내는 모양이어서, 몇 번 입을 비쭉비쭉하더니,

"듣기 싫어! 다른 사람 생각도 좀 해야지. 제발 소리 좀 내지 말아요."

하는 것을 정은 들은 체 만 체하고 소리를 더 높여서 몇 줄을 더 읽고는 책을 덮어 놓는다.

윤은 누운 대로 고개를 돌려서 내 편을 바라보며,

"진상요, 사람 죽은 방에 처음 들어가 자면 그 사람도 죽는 게 아닝게오?"

하고 내 의견을 묻는다.

"사람 안 죽은 아랫목이 어디 있어요? 병원에선 금시에 죽어 나간 침대에 금시에 새 병자가 들어온답니다. 사람이 다 제 명이 있지요. 죽고 싶다고 죽어지는 것도 아니고, 더 살고 싶다고 살아지는 것도 아니구요. 그렇게 겁을 집어 자시지 말고 맘 편안히 염불이나 하고 누워 계셔요."

나는 이것이 그에게 대하여 내가 말할 수 있는 마지막 기회인 성싶어서, 일부러 일어나 앉아서 이 말을 하였다. 내가 한 말이 윤의 생각에 어떠한 반향을 일으켰는지 알 수 있기 전에 감방문이 덜컥 열리며,

"쥬고고 뎀보(십오 호 전방)."

하는 간수의 명령이 내렸다. 간수의 곁에는 키 작은 간병부가 빙글빙글

웃고 서서,

"어서 나와요. 짐 다 가지고 나와요."

하고 소리를 쳤다. 윤은 자리 위에 벌떡 일어나 앉으며,

"단토상(간수님), 제 병이 폐병이 아닝기오. 제가 기침을 하지마는 그 기침은 깨끗한 기침이닝게……."

하고 되지도 아니한 변명을 하려다가, 마침내 어서 나오라는 호령에 잔뜩 독이 올라서 발발 떨면서 일방으로 전방을 하고 말았다. 윤이 혼자서 간수와 간병부에게 악담을 하는 소리와 자지러지게 하는 기침 소리가 들려왔다.

정은,

"에잇, 고것 잘 갔다. 무슨 사람이 고렇게 생겨 먹었는지. 사뭇 독사야 독사. 게다가 다른 사람 생각이란 영 할 줄 모르지. 아무 데나 대고 기침을 하고, 아무 데나 담을 뱉어 버리고. 이거 대소독을 해야지, 쓸 수가 있나?"

하고 중얼거리면서 그래도 윤이 덮던 겹이불이 자기 것보다는 빛깔이 좀 새로운 것을 보고 얼른 제 것과 바꾸어 덮는다. 그리고 윤이 쓰던 알루미늄 밥그릇도 제 밥그릇과 포개 놓아서 다른 사람이 먼저 가질 것을 겁내는 빛을 보인다. 강이 물끄러미 이 모양을 보고 앉았다가,

"여보, 방까지 소독을 해야 된다면서 앓던 사람의 이불과 식기를 쓰면 어쩔 작정이오? 당신은 남의 허물은 참 용하게 보는데, 윤씨더러 하던 소리를 당신더러 좀 해 보시오그려."

하고 핀잔을 준다.

정은 약간 부끄러운 빛을 보이며,

"이불은 내일 볕에 널고, 식기는 알코올 솜으로 잘 닦아서 소독을 하면 고만이지."

하고 또 고개를 흔들어 가며 소리를 내어서 불경책을 읽기를 시작한다.

정은 아마 불경을 읽는 것으로, 사후에 극락 세계로 가는 것보다도 재판에 무죄 되기를 바라는 모양이었다. 그러길래 그가 징역 일 년 반의 선고를 받고 와서는 불경을 읽는 것이 훨씬 덜 부지런하였고, 그래도 아주 불경 읽기를 그만두지 아니하는 것은 공소 공판을 위함인 듯하였다. 그렇게 자기는 무죄라고 장담하였고, 검사와 공범들까지도 자기에게는 동정을 가진다고 몇 번인지 모르게 뇌고 뇌다가, 유죄 판결을 받고 와서는, 재판장이 야마시타 재판장이 아니고 나카무라인가 하는 변변치 못한 사람인 까닭이라고 단언하였고, 공소에서는 반드시 자기의 무죄가 판명되리라고, 공소의 불리함을 타이르는 간수에게 중언 부언 설명하였다. 그는 수없이 억울하다는 소리를 하였고, 일 년 반 징역이라는 것을 두려워함이 아니라, 자기의 일생의 명예를 위하여 끝까지 법정에서 다투지 아니하면 아니된다고 비장한 어조로 말하였고, 자기 스스로도 제 말에 감격하는 모양이었다.

얼마 후에 강도 징역 이 년의 판결을 받았다. 정이 강더러 아침 절반으로 공소하기를 권할 때에 강은,

"난 공소 안 할라오. 고등 교육까지 받은 녀석이 공갈 취재를 해 먹었으니 이 년 징역도 싸지요."

하였고, 그 날 밤에 간수가 공소 여부를 물을 때에,

"후쿠꾸자이 시마스(복죄합니다.), 후쿠자이 시마스."

하고 상소권을 포기하였다. 그리고 이튿날 아침에 그는 칠십이 넘은 아버지 어머니 걱정을 하면서, 복역 중에 새 사람이 될 것을 맹세하노라고 말하고 본감으로 가고 말았다.

"자식이 싱겁기는."

하는 것이 정이 강을 보내고 나서 하는 비평이었다. 강이 정의 말에 여러 번 핀잔을 주던 것이 가슴에 맺힌 모양이었다.

강이 상소권을 포기하고 선선히 복죄해 버린 것이 대조가 되어서, 정

이 사기 취재를 한 사실이 확실하면서도 무죄를 주장하는 모양이 더욱 보기 흉하였다. 그래서 간수들이나 간병부들이나 정에게 대해서는, 분명히 멸시하는 태도를 가지고 있었다. 게다가 정이 보석 청원을 쓴다고 편지 쓰는 방에 간 것을 보고 키 작은 간병부는 우리 방 창 밖에 와 서서,

"남의 것 사기해 먹는 놈들은 모두 염치가 없단 말이야. 땅도 없는 것을 있다고 속여서 계약금을 오천 원이나 받아서 제가 천 원이나 떼어먹고도 글쎄 일 년 반 징역이 억울하다는구면. 흥, 게다가 또 보석 청원을 한다고……? 저런 것은 검사도 미워하고 형무소에서도 미워해서 다 죽게 되기 전에는 보석을 안해 주어요."

이런 소리를 하였다. 그 이야기 솜씨와 아첨 잘하는 것으로 간병부들의 환심을 샀던 것조차 잃어버리고, 건강은 갈수록 쇠약하여지는 정의 모양은 심히 외롭고 가엾은 것 같았다.

윤이 전방한 지 아마 이십 일은 지나서 벌써 달리아* 철도 거의 지나고 국화꽃이 피기 시작한 어떤 날, 나는 정과 함께 감옥 마당에 운동을 나갔다. 정은 사루마타* 바람으로 달음박질을 하고 있었으나, 몸을 움직일 수 없는 나는 모래 위에 엎드려서 거진 다 쇠잔한 채송화꽃을 들여다보며 일광욕을 하고 있었다. 아침 저녁은 선들선들하고, 더구나 오늘 아침에는 늦게 핀 코스모스조차 서리를 맞아 아주 후줄근하였건마는* 오정을 지난 볕은 따가울 지경이었다. 이 때에 '진상!' 하고 부르는 소리가 들렸다. 고개를 들어 돌아보니 일방 창으로 윤의 머리가 쑥 나와 있었다. 그 얼굴은 누르스름하게 부어 올라서 원래 가느다란 눈이

---

* 달리아(dahlia) 국화과의 여러해살이풀. 높이는 0.4~2m이며, 잎은 깃모양 겹잎이고 고구마처럼 생긴 뿌리로 번식을 함.
* 사루마타(猿股) 맨 속에 입는 잠방이. (일본말)
* 후줄근하다 옷이나 종이 따위가 약간 젖거나 풀기가 빠져 아주 보기 흉하게 축 늘어져 있다.

달리아

더욱 가늘어졌다. 나는 약간 고개를 끄덕여서 인사를 대신하였으나, 이것도 물론 법에 어그러지는 일이었다. 파수 보는 간수에게 들키면 걱정을 들을 것은 물론이다.

"진상! 저는 꼭 죽게 됐는 게라. 이렇게 얼굴까지 퉁퉁 부었능기라우. 어젯밤 꿈을 꾸닝게 제가 누런 굵은 베로 지은 제복을 입고 굴건*을 쓰고 종로로 돌아단기는 꿈을 꾸었지라오. 이게 죽을 꿈이 아닝기오?"

하는 그 목소리는 눈물겹도록 부드러웠다.

그 이튿날이라고 생각한다. 또 나와 정이 운동을 하러 나와 있을 때에 전날과 같이 윤은 창으로 내다보며,

"당숙한테서 돈이 왔는디 달걀을 먹을 겡기오? 우유를 먹을 겡기오? 아무 걸 먹어도 도무지 내리지를 않는디."

이런 말을 하였다.

또 며칠 후에는,

"오늘 의사의 말이 절더러 집안에 부어서 죽은 사람이 없느냐고 묻는데요, 선친이 꼭 나 모양으로 부어서 돌아가셨는디."

이런 말을 하고 아주 절망하는 듯이 한숨을 쉬는 것이 보였다. 그리고 나서 정에게는 들리지 않기를 원하는 듯이 정이 저 쪽 끝으로 가는 때를 타서,

"염불을 뫼시려면 나무아미타불이라고만 하면 되능기오?"

하고 물었다. 나는 벌떡 일어나 앉으며 합장하고 약간 고개를 숙이고 나무아미타불 하고 한 번 불러 보였다.

윤은 내가 하는 모양으로 합장을 하다가, 정이 앞에 오는 것을 보고 얼른 두 팔을 내려 버리고 말았다. 그리고 다시 정이 먼 곳으로 간 때를

＊굴건(屈巾) 상주가 상복을 입을 때에 두건 위에 덧쓰는 건.

타서,

"진상! 나무아미타불을 부르면 죽어서 분명히 지옥으로 안 가고 극락 세계로 가능기오?"

하고 그 가는 눈을 할 수 있는 대로 크게 떠서 나를 바라보았다. 나는 생전에 이렇게 중대한, 이렇게 책임 무거운 질문을 받아 본 일이 없었다. 기실 나 자신도 이 문제에 대하여 확실히 대답할 만한 자신이 없었건마는 이 경우에 나는 비록 거짓말이 되더라도, 나 자신이 지옥으로 들어갈 죄인이 되더라도 주저할 수는 없었다. 나는 힘있게 고개를 서너 번 끄덕끄덕한 뒤에,

"정성으로 염불을 하세요. 부처님의 말씀이 거짓말 될 리가 있겠습니까?"

하고 내가 듣기에도 엄청나게 큰 목소리로, 엄청나게 결정적으로 대답을 하였다.

윤은 수없이 고개를 끄덕끄덕하고 나를 향하여 크게 한 번 허리를 구부리고는 창에서 사라져 버리고 말았다.

이 일이 있은 뒤에 윤이 우유와 달걀을 주문하는 소리와, 또 며칠 후에는 우유도 내리지 아니하니 그만두라는 소리가 들리고, 이 모양으로 어쩌다가 한 마디씩 그가 점점 쇠약하여 가는 것을 표시하는 말소리가 들렸을 뿐이요, 우리가 운동을 나가더라도 그가 창으로 우리를 내다보는 일은 없었다. 간병부의 말을 듣건댄 그의 병증세는 점점 악화하여 근일에는 열이 삼십구 도를 넘는다 하고, 의사도 이제는 절망이라고 해서 아마 미구*에 보석이 되리라고 하였다.

어느 날 밤, 취침 시간이 지난 뒤에 통통 하고 복도로 사람들 다니는 소리가 나는 것을 듣고 창을 바라보고 있노라니, 뚱뚱한 부장과 얼굴

✳ 미구(未久) 얼마 오래지 아니함.

검은 간수가 어떤 회색 두루마기 입은 사람과 같이 윤이 있는 일방 문 밖에 서 있고 얼마 아니해서 흰 겹바지저고리를 갈아 입은 윤이 키 큰 간병부의 부축을 받아 나가는 것이 보였다. 키 작은 간병부는 창에 붙어 섰다가 자리에 와 드러누우며,

　"그예*, 보석으로 나가는군요. 나가더라도 한 달 넘기기가 어려우리라던데요."

하였다. 그 회색 두루마기를 입은 사람이 윤의 당숙 면장일 것은 말할 것도 없다.

　"나도 보석이나 나갔으면!"

하고 정은 길게 한숨을 쉬었다.

　내가 출옥한 뒤에 석 달이나 지나서 가출옥으로 나온 키 작은 간병부를 만나 들은 바에 의하면, 민도 죽고, 윤도 죽고, 강은 목수일을 하고 있고, 정은 소화 불량이 더욱 심하여진 데다가 신장염도 생기고 늑막염도 생겨서 중병 환자로 본감 병감에 가 있는데, 도저히 공판정에 나가 설 가망이 없다고 한다.

---

* 그예　마지막에 가서는 기어이.

꿈

첫째권

끝없는 동해 바다. 맑고 푸른 동해 바다. 낙산사* 앞바다.

늦은 봄의 고요한 새벽 어두움이 문득 깨어지고 오늘은 구름도 없어 붉은 해가 푸른 물에서 쑥 솟아오르자 끝없는 동해 바다는 황금빛으로 변한다. 늠실늠실하는 끝없는 황금 바다.

깎아 세운 듯한 절벽이 불그스레하게 물이 든다. 움직이지도 않는 바위 틈의 철쭉꽃 포기들과 관세음보살을 모신 낙산사 법당 기와도 황금빛으로 변한다.

"나무 관세음 나무 대자 대비 관세음보살."

낙산사

*낙산사(洛山寺) 신라 문무왕 때 세워진 절로 강원도 양양군 강현면 전진리에 있음.

하는 염불 소리, 목탁 소리도 해가 돋자 끊어진다. 아침 예불이 끝난 것이다.

조신*은 평목과 함께 싸리비를 들고 문 밖으로 나와 문전 길을 쓸기를 시작한다. 길의 흙은 밤 이슬에 촉촉이 젖었다. 싸악싸악, 쓰윽쓰윽 하는 비질 소리가 들린다.

조신과 평목이 앞 동구까지 쓸어 갈 때에 노장 용선 화상이 구부러진 길다란 지팡이를 끌고 대문으로 나온다.

"저, 앞 동구까지 잘 쓸어라. 한눈 팔지 말고 깨끗이 쓸어. 너희 마음
에 묻은 티끌을 닦아 버리듯이."
하고 용선 노장이 큰 소리로 외친다.

"네."
하고 조신과 평목은 뒤도 돌아보지 아니하고 더 재게 비를 놀린다.

"오늘은 태수 행차가 오신다고 하였으니, 각별히 잘 쓸렷다."
하고 노장은 산문 안으로 들어온다.

태수 행차라는 말에 조신은 비를 땅바닥에 떨어뜨리고 허리를 편다.

"왜 이래? 벌이가 쏘았어? 못난 짓도 퍽도 하네."
하고 평목이가 비로 조신의 엉덩이를 갈긴다.

조신은 말없이 떨어진 비를 다시 집어든다.

"태수가 온다는데 왜 이렇게 놀라? 무슨 죄를 지었어?"
하고 평목은 그 가느스름한 여자다운 눈에 눈웃음을 치면서 조신을 바라본다. 평목은 미남자였다.

"죄는 내가 무슨 죄를 지었어?"
하고 조신은 비질을 하면서 툭 쏜다. 평목과는 정반대로 조신은 못생긴 사내였다. 낯빛은 검푸르고, 게다가 상판이니 눈이니 코니 모두 찌그러

---

* 조신(調信) 〈삼국유사〉에 나오는 인물로, 이 〈꿈〉은 그 이야기를 바탕으로 이광수가 재구성
한 것임.

지고 고개도 비뚜름하고 어깨도 바른편은 올라가고 왼편은 축 처져서 걸음을 걸을 때면 모로 가는 듯하게 보였다.

"네 마음이 비뚤어졌으니까 몸뚱이가 저렇게 비뚤어진 것이다. 마음을 바로잡아야 내생에 바른 몸을 타고나는 것이다."

용선은 조신에게 이렇게 훈계하였다.

"죄를 안 지었으면 원님 나온다는데 왜 질겁을 해? 세달사 농장에 있을 적에 네가 아마 협잡을 많이 하여 먹었거나, 뉘 유부녀라도 겁간을 한 모양이야. 어때, 내님이 꼭 알아맞혔지? 그렇지 않고야 김 태수 불공 온다는데 왜 빗자루를 땅에 떨어뜨리느냐 말야? 내 어째 수상쩍게 생각했다니. 세달사 농장을 맡아 보면 큰 수가 나는 자린데 왜 그것을 내어버리고 낙산사에를 들어와서 이 고생을 하느냐 말야? 어때, 내 말이 맞았지? 똑바로 참회를 해요."

하고 평목은 비질하기도 잊고 조신의 앞을 줄러 걸으며 잔소리를 한다.

"어서 길이나 쓸어요, 괘니시리 노스님 보시면 경치지 말고."

조신은 이렇게 한 마디, 평목을 핀잔을 주고는 여전히 길을 쓴다. 평목의 말이 듣기 싫다는 듯이 쓰윽 싸악하는 소리를 더 높이 낸다.

평목은 그래도 비를 든 채로 한 걸음 앞서서 뒷걸음을 치면서 말을 건다.

"이봐 조신이, 오늘 보란 말야."

"무얼 보아?"

"원님의 따님이 아주 어여쁘단 말야? 관세음보살님같이 어여쁘단 말야. 작년에도 춘추로 두 번 불공 드리러 왔는데 말야, 그 아가씨가 참 꽃송이란 말야, 꽃송이. 아유우, 넨정."

하고 평목은 음탕한 몸짓을 한다.

평목의 말에 조신은 더욱 견딜 수 없는 듯이 빨리빨리 비질을 한다. 그러나 조신의 비는 쓴 자리를 또 쓸기도 하고 껑충껑충 뛰어넘기도 하고 허둥허둥하였다.

그럴 밖에 없었다. 조신이가 세달사의 중으로서 명주 날리군에 있는 세달사 농장에 와 있은 지 삼 년에 그 편하고 좋은 자리를 버리고 낙산사에 들어온 것이 바로 이 김 태수 흔 공의 딸 달례 때문이었다.

조신이 달례를 처음 본 것이 바로 작년 이맘때였다.

철쭉꽃 활짝 핀 어느 날 조신이 고을 뒤 거북재라는 산에 올랐을 때에 마침 태수 김흔 공이 가솔을 데리고 꽃놀이를 나와 있었다. 때는 석양인데 달례가 시녀 하나를 데리고 단둘이서 맑은 시내를 따라서 골짜기로 더듬어 오르는 길에 석벽 위에 매어달린 듯이 탐스럽게 핀 철쭉한 포기를 바라보고,

"저것을 꺾어다가 병석에 누우셔서 오늘 꽃구경도 못 나오신 어머님께 드렸으면."

하고 차마 그 곳을 그대로 지나가지 못하고 방황할 때에 만난 것이 조신이었다.

무심코 골짜기로 내려오던 조신도 하늘에서 내려온 듯한 달례를 보고는 황홀하게 우뚝 섰다. 제가 불도를 닦는 중인 것도 잊어버렸다. 제가 어떻게나 못생긴 사내인 것도 잊어버렸다. 그러고는 염치도 없이 달례를 물끄러미 바라보고는 언제까지나 한 자리에 서 있었다. 마치 그의 눈과 몸이 다 굳어진 것과 같았다.

갑자기 조신을 만난 달례도 놀랐다. 한 걸음 뒤로 멈칫 물러서지 아니할 수 없었으나, 다시 보매 중인지라 안심한 듯이 조신을 향하여 합장하였다. 그의 얼굴에는 역시 처녀다운 부끄러움이 있었다.

달례가 합장하는 것을 보고야 조신은 굳은 몸이 풀리고 얼었던 정신이 녹아서 위의를 갖추어 합장으로 답례를 하였다.

'그렇기로, 저렇게 아름다운 여자가 어떻게 세상에 있을까?'

조신은 속으로 중얼거리면서, 이 자리에 오래 있는 것이 —— 젊고

아름다운 처녀의 곁에서 그 고운 얼굴을 바라보고, 그 그윽한 향기를 맡는 것이 옳지 아니한 줄을 생각하고는 다시 합장하고 허리를 굽히고 달례의 등 뒤를 지나서 내려가는 걸음을 빨리 걸었다. 그러나 조신의 다리에는 힘이 없어서 어디를 어떻게 디디는지를 몰랐다.

달례는 조신의 이러하는 모양을 보다가 방그레 웃으며 시녀더러,

"애, 저 시님 잠깐만 여쭈어라."

하였다.

"시님! 시님!"

하고 수십 보나 내려간 조신의 뒤를 시녀가 부르면서 따랐다.

"네."

하고 조신은 걸음을 멈추고 돌아섰다.

시녀는 조신의 앞에 가까이 가서 눈으로 달례를 가리키며,

"작은아씨께서 시님 잠깐만 오십사고 여쭈옵니다."

하였다.

"작은아씨께서? 소승을?"

하고 조신은 시녀가 가리키는 편을 바라보았다. 거기는 분홍 긴 옷을 입은 한 분 선녀가 서 있었다. 좀 새뜨게 바라보는 모양이 더욱 아름다워서 인간 사람 같지는 아니하였다.

조신은 시녀의 뒤를 따랐다.

"어느 댁 아가씨시오?"

하고 조신은 부질없는 말인 줄 알면서 묻고는 혼자 부끄러웠다.

"이 고을 사또님 따님이시오."

시녀는 이렇게 대답하였다.

"그러나 하길래."

하고 조신은 속으로 중얼거렸다. 이 고을 사또 김흔 공은 신라의 진골(왕족)이었다.

"아가씨께서 소승을 불러 겨시오?"

하고 조신은 달례의 앞에서 합장하였다.

"시님을 여쪼와서 죄송합니다."

하고 달례는 방긋 웃었다.

조신은 숨이 막힐 듯함을 느꼈다. 석벽 밑 맑은 시냇가 바위를 등지고 선 달례의 자태는 비길 데가 없이 아름다웠다. 부드러운 바람이 그 가벼운 분홍 옷자락을 펄렁거릴 때마다 사람을 어리게 하는 향기가 풍기는 것 같았다. 그 검은 머리는 봄날 볕에 칠같이 빛났다.

"미안하오나 저 석벽에 핀 철쭉을 꺾어 줍시오."

달례의 붉은 입술이 움직일 때에 옥같이 흰 이빨이 빛났다.

조신은 달례가 가리키는 석벽을 바라보았다. 네 길은 될 듯한 곳에 한 포기 철쭉이 참으로 탐스럽게 피어 있었다. 그러나 거기를 올라가기는 여간 힘드는 일이 아닐 것 같았다. 산을 타는 자신이 있는 사람이 아니면 엄두도 내기 어려울 듯하였다.

"그 꽃은 꺾어서 무엇 하시랴오?"

조신은 이렇게 물어 보았다. 물론 조신은 그 석벽에 기어오르다가 뼈가 부서져 죽더라도 올라갈 결심을 하였다.

"어머니께서 병환으로 꽃구경을 못하시와서, 꼭 저 꽃을 꺾어다가 어머니께 드렸으면 좋을 것 같아서."

달례는 수줍은 듯이 그러나 낭랑한 음성으로 이렇게 말하였다.

조신은,

"효성이 지극하시오. 그러면 소승이 꺾어 보오리다."

하고 조신은 갓과 장삼을 벗어서 바위에 놓으려는 것을 달례가 받아서 한 팔에 걸었다.

조신은 어떻게 그 험한 석벽에를 올라가서 어떻게 그 철쭉꽃을 꺾었는지 모른다. 그것은 꿈 속과 같았다. 한 아름 꽃을 안고 달례의 앞에

섰을 때에 비로소 정신을 차릴 수가 있었다.

"황송도 하여라."

하고 달례는 한 팔을 내밀어 조신의 손에서 꽃을 받아 안고 한 팔에 걸었던 장삼을 조신에게 주었다.

이 일이 있은 뒤로부터 조신의 눈앞에서는 달례 모양이 떠나지를 아니하였다. 깨어서는 달례를 생각하고 잠들어서는 달례를 꿈꾸었다.

그러나 그것은 이루지 못할 일이었다. 달례와 백년 해로를 하기는커녕, 다시 한 번 달례를 대하여서 말 한 마디를 붙여 보기도 하늘에 별 따기와 같은 일이었다.

조신은 멀리 달례가 들어 있을 태수의 내아 쪽을 바라보았다. 깊이깊이 수림과 담 속에 있어서 그 지붕까지 잘 보이지 아니하였다. 나는 제비밖에는 통할 수 없는 저 깊은 속에 달례가 있는 것이다. 그러다가 언제나 벼슬이 갈리면 달례는 그 아버지를 따라서 서울로 가 버릴 것이다. 달례가 서울로 가면 조신도 서울로 따라갈 수는 있지마는, 서울에 간 뒤에는 여기서보다도 더 깊이 김랑은 숨어서 영영 대할 길이 없을 것이다.

이런 일을 생각하면 조신은 몸 둘 곳이 없도록 괴로웠다. 조신은 밥맛을 잃었다. 잠을 잃었다. 그의 기름은 바짝바짝 말랐다. 그는 마침내 병이 될 지경이었다.

'나는 중이다. 불도를 닦는 사람이다.'

이러한 생각으로 조신은 눈앞에 알른거리는 달례의 그림자를 물리쳐 보려고도 애를 썼다. 그러나 그것은 안 될 일이었다. 물리치려면 더 가까이 오고 잊으려면 더 또렷이 김랑의 모양이 나타났다.

마음으로 싸우다 싸우다 못한 끝에 조신은 마침내 낙산사에 용선 대사를 찾았다.

조신은 대사에게 모든 것을 참회한 뒤에,

"시님, 소승은 어찌하면 좋습니까?"
하고 물었다.

이에 대하여 용선 화상은 조신을 바라보고 그 깊은 눈썹 속에 빛나는 눈으로 빙그레 웃으면서,

"네 그 찌그러진 얼굴을 보고 달례가 너를 따르겠느냐?"
하고는 턱춤을 추이면서 소리를 내어서 웃었다.

조신은 욕과 부끄러움과 슬픔과 절망을 한데 느끼면서,

"그러기에 말씀입니다. 그러니 소승이 어찌하면 좋습니까?"
하고 애원하였다.

"네 상판대기부터 고쳐라."

"어떡허면 이 업보로 타고난 상판대기를 고칠 수가 있습니까?"

"관세음보살을 염하여라."

"관세음보살을 염하면 이 상판대기가 고쳐지겠습니까? 이 검은 빛이 희어지고 이 찌그러진 것이 바로잡히겠습니까?"

"그렇고말고. 그보다 더한 것도 된다. 달례보다 더한 미인도 너를 사모하고 따라올 것이다."

용선 화상의 이 말에 힘을 얻어서 조신은,

"시님, 소승은 관세음보살을 모시겠습니다. 소승이 힘이 없사오니 시님께서 도력으로 소승을 가지*해 줍시오."
하고는 지금까지 관세음보살을 염하여 온 것이었다.

그런데 이제 달례가 온다. 그 부모를 모시고 불공을 드리러 오는 것이다. 조신의 가슴은 정신을 진정할 수가 없이 울렁거렸다.

길을 다 쓸고 나서 조신은 용선 화상께 갔다.

"시님, 소승은 어찌하면 좋습니까?"

---

* 가지(加持) 부처의 대자 대비한 힘의 가호를 받아 중생이 부처와 일체의 경지로 들어가는 일.

하고 조신은 정성스럽게 용선께 물었다.

"무엇을? 무엇을 어찌한단 말이냐?"

하고 노장은 시치미를 떼었다.

"아뢰옵기 황송하오나, 김 태수가 오신다면 그 따님도 오실 모양이니……."

"오, 그 말이냐? 그저 관세음보살을 염하려무나."

하고 용선 대사는 뚫어지게 조신을 바라보았다.

"소승은 지금도 이렇게 가슴이 울렁거립니다."

"응, 있다가는 더 울렁거릴 터이지."

"그러면 소승은 어찌하면 좋습니까?"

"관세음보살을 염하려무나."

"시님, 소승의 소원이 꼭 이루어지겠습니까?"

"관세음보살을 염하려무나."

"나무 대자 대비 관세음보살 마하살."

하고 조신은 당장에서 합장하고 큰 소리로 관세음보살을 부른다.

용선은 물끄러미 조신이 하는 양을 보다가 조신을 향하여서 한 번 합장한다. 대사는 관세음보살을 일심으로 염하는 조신의 속에 관세음보살을 뵈온 것이었다.

절 경내는 먼지 하나 없이 정결히 쓸리고 물까지 뿌려졌다. 동해 바다의 물결이 석벽에 부딪치는 소리가 철석철석 들려왔다. 그 소리와 어울려서,

"나무 대자 대비 관세음보살 마하살."

하는 조신의 염불 소리가 끊임없이 법당에서 울려나왔다.

문마다 '정재소*'라는 종이가 붙었다. 노란 종이 다홍 종이에 범서*

---

* 정재소(淨齋所) 조용히 재계하는 장소.
* 범서(梵書) 범자, 즉 옛날 인도의 산스크리트 어를 표기하는 글자.

로 쓰인 진언들이 깃발 모양으로 법당에서 사방으로 늘인 줄에 걸렸다.

법당 남쪽 모퉁이 별당이 원님네 일행의 사처로 정결하게 치워졌다. 태수 김흔 공은 이 절에 백여 석 추수하는 땅을 부친 큰 시주였다. 그러므로 무슨 특별한 큰 재가 아니라도 이처럼 정성을 드리는 것이었다.

해가 낮이 기울어서 승시 때가 될 때쯤 하여서 전배가 달려와서 원님 일행이 온다는 선문을 놓았다.

노장은 칠팔 인 젊은 중을 데리고 동구로 나갔다. 모두 착가사 장삼하고 목에 염주를 걸고 팔목에는 단주를 들었다. 노장은 육환장*을 짚었다. 꾀꼬리 소리가 들려오고 이따금 멀리서 우는 종달새 소리가 들렸다. 봄철 저녁날이라 바람은 좀 있었으나 날은 화창하였다. 검으리만큼 푸른 바다에는 눈 같은 물꽃이 피었다. 중들의 장삼자락이 펄펄 날렸다.

이윽고 노루목이 고개로 검은 바탕에 홍 끝동 단 사령들이 너풀거리는 것이 보였다. 그리고는 가마 세 틀이 보기 좋게 들먹들먹 흔들리면서 이리로 향하고 넘어오는 것이 보였다. 짐을 진 행인들이 벽제 소리에 길 아래로 피하는 것도 보였다.

원의 일행은 산모퉁이를 돌았다. 용선 대사 일행이 마중을 나서 섰는 양을 보았음인지 가마는 내려놓아졌다. 맨 앞 가마에서 자포를 입고 흑건을 쓴 관인이 나선다.

그리고 둘째 가마에서도 역시 자포를 입은 부인이 나서고, 맨 나중에 분홍 긴 옷을 입은 달례가 나선다.

세 사람은 천천히 걷기를 시작한다. 뒤에는 통인 한 쌍과 시녀 한 쌍이 따르고 사령 네 쌍은 전배까지도 다 뒤로 물러서 따른다. 절 동구에 들어오는 예의다.

---

*육환장(六環杖) 고리가 여섯 개 달린 석장. 석장은 중이 짚는 지팡이로 아랫부분은 뿔이나 엄니로 만들고 윗부분은 탑 모양인데 여러 개의 고리가 달려 소리가 나게 되어 있다.

서로서로의 얼굴이 바라보일 만한 거리에 왔을 때에 김 태수는 합장하고 고개를 숙인다. 부인과 달례도 그 모양으로 하고 따르는 자들도 다 그렇게 한다. 이것은 절에 대하여서와 마중나온 중들에게 대하여 하는 첫 인사였다. 이에 대하여서 용선 법사도 합장하였다.

이러하는 동안에 맨 뒤에 선 조신은 반정신은 나간 사람 모양으로 분홍 옷만 바라보고 있었다. 그리고 울렁거리는 가슴과 떨리는 몸을 가까스로 억제하면서 입 속으로 관세음보살을 염하였다.

마침내 태수의 일행은 용선 대사 앞에 왔다. 태수는 이마가 거의 땅에 닿으리만큼 대사에게 절을 하고, 부인과 달례는 오체투지*의 예로 대사에게 절하였다.

조신은 달례가 무릎을 꿇는 것을 보고는 부지불각에 무릎을 꿇어 버렸다. 출가인은 부모나 임금의 앞에도 절을 아니하는 법이다.

"쩟!"

하고 곁에 있던 평목이 발길로 조신의 엉덩이를 찼다.

용선 대사가 앞을 서고 그 다음에 태수 일행이 따르고 그 뒤에 중들이 따라서 절에 들어왔다.

조신은 평목에게 여러 가지 핀잔을 받으면서 정신 없이 다른 사람들의 뒤를 따라 들어왔다.

'지나간 일 년 동안에 더욱 아름다워졌다.'

조신은 이렇게 속으로 중얼대었다. 열다섯, 열여섯 살의 처녀가 피어나는 것은 하루가 새로운 것이다. 조신의 그리운 눈에는 달례는 아무리하여도 인간 사람은 아닌 듯하였다. 그의 속에는 피고름이나 오줌똥도 있을 수 없고, 오직 우담발라의 꽃 향기만이 찼을 것 같았다.

'그 눈, 그 눈!'

＊ **오체투지**(五體投地) 불교에서 행하는 경례법의 하나. 두 무릎을 땅에 꿇고 두 팔을 땅에 댄 다음 머리로 땅에 닿도록 절을 함.

하고 생각하면 조신은 정신이 땅 속으로 잦아드는 것 같았다.

"나무 관세음보살 마하살."

하고 조신은 곁에 사람들이 있는 것도 잊고 소리높이 불렀다. 이 소리에 달례의 눈이 조신에게로 돌아왔다. 달례는 조신을 알아보는 듯 눈이 잠깐 움직인 것같이 조신에게는 보였다.

유시*부터 재가 시작된다.

중들은 바빴다.

부처님 앞에는 새로 잡은 황초와 새로 담은 향불과 새로 깎은 향이 준비되고, 커다란 옥등잔도 말짱하게 닦아서 꼭꼭 봉하여 두었던 참기름을 그뜩그뜩 붓고 깨끗한 종이로 심지를 꼬아서 열 십(十)자로 놓았다. 한 등잔에 넷이 켜지게 하는 것이다.

중들이 이렇게 바쁘게 준비하는 동안에 태수의 일행은 사처에 들어서 쉬이기도 하고 동해의 경치를 바라보기도 하였다.

퇴 밑에 벗어 놓은 분홍신은 달례의 신이 분명하거니와, 달례는 몸이 곤함인지 재계를 위함인지 방 안에 가만히 앉아서 얼마 아니 있으면 피어날 섬돌 밑 모란 봉오리를 바라보고 있었다. 모란 봉오리들은 금시에 향기를 토할 듯이, 그러나 아직 때를 기다리는 듯이 붉은 입술을 꼭 다물고 있었다.

저녁 까치들이 짖을 때에 종이 울었다. 뎅 뎅, 큰 쇠가 울고 있었다.

불공 시간이 된 것이다.

젊은 중들이 가사 장삼에 위의를 갖추고 둘러서고, 김 태수네 가족이 들어와서 재자의 자리인 불탑 앞에 가지런히 서고, 나중에 용선 대사가 회색 장삼에 금실로 수를 놓은 붉은 가사를 입고 사미*의 인도를 받아서 법석에 들어와 인도하는 법사의 자리에 섰다.

---

* 유시(酉時) 오후 5시부터 7시까지.
* 사미(沙彌) 십계를 받고 불도를 닦는 20세 미만의 중.

정구업 진언*에서 시작하여 몇 가지 진언을 염한 뒤에 관세음보살, 비로자나불, 로사나불, 석가모니불, 아미타불을 불러,

"원컨댄 재자의 정성을 보시와, 도량에 강림하시와 공덕을 증명하시옵소서."

하고 한 분을 부를 때마다 법사를 따라서 일동이 절하였다. 김 태수의 가족도 절하였다. 정성스럽게 두 손을 높이 들어서 합장하여 이마가 땅에 닿도록 오체투지의 예를 하였다.

향로에서는 시방 세계의 부정한 것을 다 제하고 향기로운 구름이 되어서 덮게 한다는 향연이 피어오르고, 굵은 초에는 맑은 불길이 춤을 추고 있었다.

이 모든 부처님네와 관세음보살이 이 자리에 임하시와서 재자의 정성을 보옵시라는 뜻이다.

"옴 바아라 미나야 사바하."

하는 것은 불보살님네가 자리에 앉으시라는 진언이다.

그러한 뒤에 사미가 쟁반에 차 네 그릇을 다섯 위 앞에 올리자 법사는,

"차를 받들어 징명하시는 이께 올리오니 정성을 보시와서 어여삐 여겨 받으시옵소서."

하였다.

차를 올리고는 또 절이 있었다.

그러고는 법사는 다시,

"대자 대비하옵시와 흰옷을 입으신 관세음보살 마하살님 자비심을 베푸시와 도량에 강림하시와 이 공양을 받으시옵소서."

하고는 또 쇠를 치고 절하였다.

---

* 진언(眞言) 무엇을 빌 때 외는 주문.

달례도 법사의 소리를 맞추어 옥같이 흰 두 손을 머리 위에 높이 들어 관음상에 주목하면서 나붓이 절을 하였다.

그러고는 관음참회례문이 시작되었다.

"옴 아로륵계 사비하."

하는 멸업장 진언은 법사의 소리를 따라서 일동도 화하였다. 달례의 맑고 고운 음성이 중들의 굵고 낮은 음성 사이에 울렸다. 조신도 전생 금생의 모든 업장을 소멸하여 줍소서 하는 이 진언을 정성으로 염하였다.

백겁에 쌓은 죄를
일념에 씻어지다
마른 풀 살우듯이
모조리 살위지다.

하는 참회게를 이어,

"옴 살바 못댜모리바라야 사바하. 원컨댄 사생 육도*에 두루 도는 법계 유정*이 여러 겁에 죽고 나며 지은 모든 업장을 멸하여지이다. 내 이제 참회하옵고 머리를 조아려 절하오니, 모든 죄상을 다 소멸하여 주옵시고 세세 생생에 보살도를 행하게 하여 주시옵소서."

하는 참회 진언과 축원이 법사의 입으로 외어질 때에는 일동은 한참 동안이나 엎드려 일어나지 아니하였다.

이 모양으로 몸으로 지은 업과 입으로 지은 업과 마음으로 지은 업을 다 참회한 뒤에 다시는 죄를 짓지 아니하고 불, 법, 승 삼보*를 공경하

---

* **사생 육도**(四生六途) 사생은 생물의 네 가지 태어나는 상태인 태생·난생·습생·화생, 육도는 일체의 중생이 선악의 업인에 의하여 필연적으로 이르게 되는 여섯 가지 세계. 즉 지옥·아귀·축생·수라·인간·천상.
* **법계 유정**(法界有情) 법계는 불교도의 사회, 유정은 마음이 있는 중생이라는 뜻.
* **삼보**(三寶) 불교에서 말하는 부처·불법·승려 세 가지의 보배.

여 빨리 삼계 인연을 떠나서 청정 법신을 이루어지이다 하는 원을 발하고는 삼보에 귀명례한 후에,

　　삼보에 귀의하와
　　얻잡는 모든 공덕
　　일체유정에 돌려
　　함께 불도 이뤄지다.

하고는 나중으로,

　　이 몸 한 몸 속에
　　무진신을 나투와서
　　모든 부처 앞에
　　무수례를 하여지다
　　옴 바아라 믹, 옴 바아라 믹, 옴 바아라 믹.

하는 보례게*와 보례 진언을 부르고는 용선 대사는 경상 위에 놓았던 축원문을 들어서 무거운 음성으로 느릿느릿 읽었다.

　　오늘 지극하온 정성으로
　　재자 명주 날리군 태수 김흔 공은
　　엎데어 대자 대비 관음 대성전에 아로이나이다.
　　천하 태평하여지이다.
　　이 나라 상감님 성수 무강하셔지이다.

＊보례게(普禮偈) 모든 불성에게 한꺼번에 예를 행하고 하는 게송.

큰 벼슬 잔 벼슬 하는 이 모두 충성되어지이다.

백성이 질고 없고 시화 세풍하여지이다.

불도 흥왕하와 중생이 다 죄의 고를 벗어지이다.

이 몸과 안해와 딸 몸 성하옵고 옳은 일 하여지이다.

딸 이번에 모례의 집에 시집 가기로 정하였사오니,

두 사람이 다 불은 입사와 백년 해로하옵고

백자 천손하옵고 세세 생생에

보살행 닦게 하여 주시옵소서.

이 몸 죄업 많사와 아직 아들 없사오니 귀남자 점지하여 주시옵소서.

하는 것이었다.

이 축문을 들은 조신은 가슴이 내려앉는 듯하였다.

'그러면 달례는 벌써 남의 집 사람이 되었는가?'

조신은 앞이 캄캄하여 몸이 앞으로 쓰러지려 하였다. 이 때에 평목이 팔꿈치로 조신의 옆구리를 찔렀기에 겨우 정신을 수습할 수가 있었다.

축원문은 또 읽어졌다. 축원문이 끝날 때마다 재자는 절을 하였다. 달례도 절을 하였다.

축원문은 세 번 반복하여 읽어졌다. 재자의 절도 세 번 있었다.

세 번째 달례가 옥으로 깎은 듯한 두 손을 머리 위에 높이 들 때에는 조신은 달려들어 불탑을 들러엎고 달례를 웅퀴어 안고 달아나고 싶은 충동을 느꼈다. 그리고 관세음보살상을 바라보았다. 관세음보살은 조신을 보시고 빙그레 웃으시는 듯, 그러나 그것은 비웃는 웃음인 것 같았다.

조신은 또 한 번 불탑에 달려들어 관세음보살상을 끌어내어서 깨뜨려 버리고 싶은 분노를 느꼈다. 그러나 다시 관세음보살상을 우러러볼 때에는 관세음보살은 여전히 빙그레 웃고 계셨다.

그 뒤에 중단, 하단, 칠성단, 독성단, 산신당 일은 어떻게 지나갔는지 조신은 기억이 없었다.

재가 파한 뒤에 조신은 조실에 용선 대사를 뵈었다.

용선 대사는 꼭 다물은 입과 깊은 눈썹 밑에서 빛나는 눈가에 웃음을 띠운 듯하였다.

"시님, 소승은 어떻게 합니까?"

하는 조신의 말에는 눈물이 섞여 있었다.

"무엇을?"

하는 대사의 얼굴에는 무서운 빛이 돌았다.

"사또 따님은 혼사가 맺혔습니까?"

"그래, 아까 축원문에 듣지 아니하였느냐? 화랑 모례 서방과 혼사가 되어서 삼 일 후에 혼인 잔치를 한다고 그러지 않더냐?"

"그러면 소승은 어찌합니까?"

"무얼 어찌해?"

"사또 따님과 백 년 연분을 못 맺으면 소승은 이 세상에 살 수는 없습니다."

"이 세상에 살 수 없으면 어디 좋은 세상으로 갈 데가 있느냐?"

"소승, 이 소원을 이루지 못하면 죽어서 축생도에 떨어져서 배암이 되어서라도 사또 따님의 뒤를 따르겠습니다."

"그것도 노상 마음대로는 안 될 것을. 그만한 인연이라도 없으면 그렇게도 안 될 것을."

"그러면 소승 사또 따님을 한 칼로 죽여 버리고 소승도 그 피 묻은 칼로 죽겠습니다."

"그것도 네 마음대로는 안 될 것을."

"그것도 안 되오면 소승 혼자라도 이 칼로 죽어 버리겠습니다."

하고 조신은 품에서 시퍼런 칼 하나를 내어서 보인다.

"그것도 네 마음대로는 안 될 것이다."

"어찌하여서 안 됩니까? 금방 이 칼로 이렇게 목을 따면 죽을 것이 아닙니까?"

"목이 따지지도 아니할 것이어니와, 설사 목을 따더라도 지금은 죽어지지 아니할 것이다. 네 찌그러진 모가지에 더 보기 숭한 칼 자욱 하나만 더 내고 너는 점점 사또 따님과 인연이 멀어질 것이다."

"그러면 소승은 어찌하면 좋습니까? 시님, 자비심을 베푸시와 소승의 소원을 이룰 길을 가르쳐 주옵소서."

하고 조신은 오체투지로 대사의 앞에 너붓이 엎드려 이마를 조아린다.

대사는 왼편 손 엄지가락으로 염주를 넘기고 말이 없다.

조신은 고개를 들어서 용선을 우러러보고는 또 한 번 땅바닥에 엎드려,

"시님, 법력을 베푸시와서 소승의 소원이 이루어지도록 하여 주시옵소서."

하고 수없이 머리를 조아린다.

"네 분명 달례 아기와 연분을 맺고 싶으냐?"

하고 대사는 염주를 세이기를 그친다.

"네, 달례 아기와 연분을 맺고 싶습니다."

"왕생 극락을 못 하더라도?"

"네, 무량겁의 지옥고를 받더라도."

"축생보를 받더라도?"

"네, 아귀보를 받더라도."

"네 몸뚱이가 지금만 하여도 추악하여서 여인이 보면 십 리만큼이나 달아나려든, 게다가 더 추한 몸을 받아 나오면 어찌 될꼬?"

용선은 빙긋이 웃는다.

"시님, 단지 일 년만이라도 달례 아기와 인연을 맺었으면 어떠한 악

보를 받잡더라도 한이 없겠습니다."

"분명 그러냐?"

"네, 분명 그러하옵니다. 일 년이 멀다면 한 달만이라도, 한 달도 안 된다오면 단 하루만이라도, 단 하루도 분에 넘친다 하오면 이 밤이 새일 때까지만이라도, 시님 자비를 베푸시와 소승을 살려 주시옵소서. 소승의 소원을 이루어 주시옵소서."

하고 조신은 한 번 더 일어나서 절하고 무수히 머리를 조아린다.

"그래라."

용선은 선뜻 허락하는 말을 준다.

"네? 소승의 소원을 이루어 주십니까?"

조신은 믿지 못하는 듯이 대사를 바라본다.

"오냐, 네 소원이 이루어질 것이다."

"금생에?"

"바로 사흘 안으로."

"네? 사흘 안으로? 소승이 달례 아기와 연분을 맺습니까?"

"오냐, 태수 김 공이 사흘 후에 이 절을 떠나기 전에 네 소원이 이루어질 것이다."

"네? 시님? 그게 참말입니까?"

"그렇다니까."

"어리석은 소승을 놀리시는 것 아닙니까? 시님, 황송합니다. 소승이 백 번 죽사와도 시님의 이 은혜는 잊을 수가 없을 것입니다. 시님, 황송합니다."

하고 조신이 일어나서 절한다.

용선은 또 한참 염주를 세이더니 손으로 무릎을 치며,

"조신아!"

하고 부른다.

“네.”

“네, 꼭 내 말대로 하렷다.”

“네, 물에 들어가라시면 물에, 불에 들어가라시면 불에라도.”

“꼭 내가 시키는 대로 하렷다.”

“네, 팔 하나를 버이라시면 팔이라도, 다리 하나를 자르라시면 다리라도.”

“응, 그러면 네 이제부터 법당에 들어가서 관음 기도를 시작하는데, 내가 부르는 때까지는 나오지도 말고 졸지도 말렷다.”

“네, 이틀 사흘까지라도.”

“응, 그리하여라.”

“그러면 소승의 소원은 이루어…….”

“이 믿지 않는 놈이로고! 의심을 버려라!”

하고 대사는 대갈 일성에 주장을 들어 조신의 머리를 딱 때린다.

조신의 눈에서는 불이 번쩍한다.

조신은 나오는 길로 목욕하고 새 옷을 갈아 입고 관음전으로 들어갔다. 용선 법사는 조신이 법당에 들어가는 것을 보고 문을 밖으로 잠그며,

“조신아, 문을 잠갔으니 내가 부를 때까지 나올 생각 말고 일심으로 관세음보살을 부르렷다. 행여 딴 생각할셔라.”

“네.”

하는 소리가 안으로서 들렸다.

“나무 대자 대비 관세음보살 관세음보살…….”

하는 조신의 염불 소리가 밤이 깊도록 법당에서 울려 나왔다. 조신은 죽을 힘을 다하여서 관세음보살을 부르는 것이었다.

“열심으로 —— 잡념 들어오게 말고.”

하던 용선 시님의 음성이 조신의 귓가에 붙어서 떨어지지 아니하였다.

등잔불 하나에 비추어진 관음전은 어둠침침하였다. 그러한 속에 조신은 가부좌를 걷고 앉아서 목탁을 치면서 관세음보살을 불렀다. 그러는 동안에도 조신의 눈은 언제나 관세음보살님의 얼굴에 있었다. 반 년 나마 밤이면 자라는 쇠가 울기까지 이 법당에서 이 모양으로 앉아서 이 모양으로 관세음보살님의 얼굴을 바라보면서 칭호를 하였건마는, 오늘 밤에는 특별히 관세음보살님의 상이 살아 계신 듯하였다. 이따금 그 정병을 듭신 손이 움직이는 것도 같고 가슴이 들먹거리는 듯도 하고 자비로운 웃음 띠우신 그 눈이 더욱 빛나는 것도 같았다. 조신이 더욱 소리를 가다듬고 정신을 모아서,

"관세음보살, 관세음보살."

하고 부르면 관세음보살상의 한일자로 다물어진 입술이 방긋이 벌어지는 듯까지도 하였다.

그러나 다음 순간에 보면 관세음보살님의 입술은 여전히 다물어 있었다.

절에서는 대중이 모두 잠이 들었다.

오직 석벽을 치는 물결 소리가 높았다 낮았다 하게 조신의 귀에 울려 올 뿐이었다. 그리고는 조신이 제가 치는 목탁 소리와 제가 부르는 염불 소리가 어디 멀리서 울려오는 남의 소리 모양으로 들릴 뿐이었다.

"관세음보살, 관세음보살, 관세음보살."

조신이 몸이 피곤함을 느낄수록 잡념이 들어오기 시작하였다.

"잡념이 들어오면 정성이 깨어진다!"

하여 그는 스스로 저를 책망하였다. 그러고는 목탁을 더욱 크게 치고 소리를 더욱 높였다.

잡념이 들어올 때에는 눈앞에 계시던 관세음보살상이 스러져서 아니 보이는 것 같았다. 그러다가 잡념을 내어 쫓은 때에야 금빛 나는 관세음보살상이 여전히 눈앞에 계시었다.

"나무 대자 대비 관세음보살 마하살."

하고 조신은 관세음보살 명호를 갖추어 부름으로 잡념이 아니 들어오고 관세음보살님의 모양이 한 찰나 동안도 눈에서 스러지지 아니하기를 힘써 본다.

등잔에 기름이 반 남아 달았으니 새벽이 가까웠을 것이다.

낮에 쉬일 사이 없이 일을 하였고, 또 김랑으로 하여서 정신이 격동이 된 조신은 마음은 흥분하였으면서도 몸은 피곤하였다. 또 칭호가 만념*도 넘었으니, 그것만으로도 피곤할 만하였다.

"이거 안 되겠다."

하고 조신은 자주 정신을 가다듬었다. 그러나 사흘 동안이야 설마 어떠랴 하던 것은 어림없는 생각이었다. 조신의 정신은 차차 흐리기를 시작하였다.

조신은 무거워 오는 눈시울을 힘써 끌어 올려서 관세음보살을 아니 놓치려고 힘을 썼다.

그러나 어느 틈엔지 모르게 조신은 퇴 밑에 벗어 놓인 김랑의 분홍신을 보면서 관세음보살을 부르고 있었다.

조신은 목탁이 부서져라 하고 서너 번 크게 치고,

"나무 대자 대비 서방 정토 극락 세계 관세음보살 마하살."

하고 불렀다.

그러나 그것도 잠시요, 또 수마는 조신을 덮어 누르는 듯하였다.

이번에는 앞에 계신 관세음보살상이 변하여서 김랑이 되었다. 분홍 긴 옷을 입고 흰 버선을 신고 옥으로 깎은 듯한 두 손을 내어밀어 지난 봄 조신의 손에서 철쭉을 받으려던 자세를 보이는 듯하였다.

조신은 벌떡 일어나서 김랑을 냅다 안으려 하였으나, 그것은 허공이

---

* 만념(萬念) 1만 번을 염함. 만 번을 욈.

었고 불탑 위에는 여전히 관세음보살님이 빙그레 웃고 계시었다.

조신은 다시 목탁을 두들기고,

"나무 관세음보살 마하살."

하고 소리 높이 불렀다.

얼마나 오래 불렀는지 모른다. 조신은 이 천지 간에 제가 부르는 '관세음보살' 소리가 꽉 찬 듯함을 느꼈다. 김랑도 다 잊어버리고 제가 지금 어디 있는 것도 다 잊어버리고 저라 하는 것도 잊어버린 것 같았다. 오직,

"나무 관세음보살."

하는 소리만이 살아 있는 것 같았다.

이 때었다.

"똑, 똑, 똑, 똑."

"달그닥 달그닥."

하는 소리가 조신의 귓결에 들려왔다.

또 한 번,

"달그닥 달그닥."

하는 소리가 났다.

조신은 소스라쳐 놀라는 듯이 염불을 끊고 귀를 기울였다.

이 때에 용선 스님이 잠근 문이 삐걱 열리며 들어서는 것은 그 누군고? 김랑이었다. 김랑은 어제 볼 때와 같이 분홍 긴 옷을 입고 흰 버선을 신고 방그레 웃으며 들어왔다.

"아가씨!"

조신은 허겁지겁으로 불렀으나, 감히 손을 내어밀지는 못하고 합장만 하였다. 조신은 거무스름한 장삼에 붉은 가사를 걸고 있었다.

"스님 기도하시는 곳에 제가 이렇게 무엄히 들어왔습니다. 그렇지만 아무리 참으려도 참을 수가 없어서 어머님 잠드신 틈을 타서 이렇게

살짝 빠져 나왔습니다. 남들은 다 잠이 들어도 저만은 잠을 못 이루고 시님이 관세음보살 염하시는 소리를 하나도 빼지 아니하고 다 듣고 있었습니다."

"그러기로 이 밤중에 아가씨가 어떻게 여기를!"

"사모하옵는 시님이 계시다면 어디기로 못 가겠습니까? 산인들 높아서 못 넘으며 바다인들 깊어서 못 건너겠습니까? 시님이 저 동해 바다 건너편에 계시다 하오면 동해 바다라도 훌쩍 뛰어서 건너갈 것 같습니다."

하는 김랑의 가슴은 마치 사람의 손에 잡힌 참새의 것과 같이 자주 발락거렸다.

"못 믿을 말씀이십니다. 그러기로 소승 같은 못나고 찌그러진 것을, 무얼!"

하고 조신은 부끄러운 듯이 고개를 숙인다.

"못나고 잘나기는 보는 사람의 마음입니다. 제 마음에는 시님은 인간 어른은 아니신 듯……"

"아가씨는 소승을 어리석게 보시고 희롱하시는 것입니까?"

"아이, 황송한 말씀도 하셔라. 이 가슴이 이렇게 들먹거리는 것을 보시기로서니, 이 깊은 밤에 부모님의 눈을 기이고 이렇게 시님을 찾아온 것을 보시기로서니, 어쩌면 그렇게도 무정한 말씀을……"

김랑은 한삼을 들어서 눈물을 씻는다.

"그러기로 아가씨와 같이 귀한 댁 따님으로, 아가씨와 같이 이 세상 더 볼 수 없는 아름다운 이로 천하가 다 못났다 하는 소승을……"

"지난 봄 언뜻 한 번 뵈옵고는 시님의 높으신 양지를 잊을 길이 없어서."

"그러기로 아까 낮에 축원문을 들으니, 아가씨는 벌써 모레 서방님과……"

"시님, 그런 말씀은 말아 주셔요. 부모님 하시는 일을 어길 수가 없어서 —— 아이 참, 여기서 이렇게 오래 이야기하다가 노시님의 눈에라도 띄우면, 어찌다가 부모님이라도 제 뒤를 밟아 나오시면, 어머님께서 잠시 제가 곁에 없어도 아가 달례야, 달례 아기 어디 갔느냐, 하시고 걱정을 하시는걸."

하고 깜짝 놀라는 양을 보이면서,

"아이, 지금 부르는 소리 아니 들렸습니까?"

하고 김랑은 조신의 등 뒤에 몸을 숨기며 두 손으로 조신의 어깨를 꼭 잡는다. 조신의 귀에는 김랑의 뜨거운 입김과 쌔근쌔근하는 가쁜 숨소리가 감각된다. 조신은 사지를 가눌 수가 없는 듯함을 느낀다.

"아, 물결 소리로군. 오, 또 늙은 소나무에 바람 불어 지나가는 소리."

하고 달례는 조신의 등에서 떨어져서 앞에 나서며,

"자, 시님 저를 데리고 가셔요."

하고 조신의 큰 손을 잡을 듯하다가 만다.

"어디로?"

하고 조신은 일종의 무서움을 느낀다.

"어디로든지, 시님과 저와 단 둘이서 살 데로."

"정말입니까?"

"그럼, 정말 아니면 어떡허게요. 자, 어서어서 그 가사와 장삼을 벗으셔요. 중도 장가 듭니까? 자, 어서어서. 누구 보리다."

조신은 가사를 벗으려 하다가 잠깐 주저하고는 관세음보살상을 향하여 합장 재배하고,

"고맙습니다. 관세음보살님 고맙습니다. 제자의 소원을 일러 주시오니 고맙습니다."

하고는 가사와 장삼을 홰홰 벗어서 마룻바닥에 내어 던지고 앞서서 나

온다.

　김랑도 뒤를 따른다. 김랑은 법당 문 밖에 나서자, 보퉁이 하나를 집어 들고 사뿐사뿐 조신의 뒤를 따라서 대문 밖에를 나섰다. 지새는 달이 산머리에 걸려 있었다.

　"그 보퉁이는 무엇입니까?"

하고 조신은 누구 보는 사람이나 없는가 하고 사방을 돌아보면서, 나무 그늘에 몸을 숨기고 묻는다.

　김랑도 나무 그늘에 들어와서 조신의 옆에 착 붙어서며, 보퉁이를 들어서 조신에게 주며,

　"우리들이 일평생 먹고 입고 살 것."

하고 방그레 웃는다.

　조신은 그 보퉁이를 받아 든다. 무겁다.

　"이게 무엇인데 이렇게 무거워요?"

　"은과 금과 옥과 자, 어서 달아나요. 누가 따라 나오지나 않나 원, 사령들 중에는 말보다도 걸음을 잘 걷는 사람이 있어요 —— 자, 어서 가요. 어디로든지."

　조신이 앞서서 걷는다.

　늦은 봄이라 하여도 새벽 바람은 추웠다.

　"어서 이 고을 지경은 떠나야."

하고 김랑은 뒤에서 재촉하였다.

　"소승이야 하루 일백오십 리 길은 걷지마는 아가씨야……."

　"제 걱정은 마셔요. 시님 가시는 데면 어디든지 얼마든지 따라갈 테야요."

　두 사람은 동구 밖에 나섰다. 여기서부터는 큰 길이어서 나무 그림자도 없었다. 달빛과 산 그늘이 서로 어우러지고 풀에는 이슬이 있었다.

　"이 머리를 어떡허나?"

하고 조신은 밍숭밍숭한 제 머리를 만져 보았다.

"송낙이라도 뜯어서 쓰시지."

하고 김랑도 걱정스러운 듯이 조신의 찌그러진 머리를 보았다.

"아무리 송낙을 쓰기로니 머리가 자라기 전에야 중인 것을 어떻게 감추겠습니까?"

하고 김랑은 두 귀 밑에 속발한 검은 머리를 만져 본다.

"그러하더라도 남승과 여승이 단 둘이서 함께 다니는 법은 어디 있습니까?"

"그래도 중이 처녀 데리고 다닌다는 것보다는 낫지요."

"그럼, 이렇게 할까요? 나도 머리를 깎고 남복을 하면 상좌가 아니되오."

"이렇게 어여쁜 남자가 어디 있겠소?"

두 사람의 말에서는 점점 경어가 줄어든다.

"그럼, 이렇게 합시다. 나는 머리를 깎지 말고 시님의 누이동생이라고 합시다."

"누이라면 얼굴이 비슷해야지, 나같이 찌그러지고 시커먼 사내에게 어떻게 아가씨 같은 희고 아름다운 누이가 있겠소."

"그러면 외사촌 누이라고 할까?"

"외사촌이라도 조금은 닮은 구석이 있어야지."

"그러면 어떻게 하나?"

"벌써 동이 트네. 해뜨기 전 어디 가서 숨어야 할 텐데."

"글쎄요. 뒤에 누가 따르지나 않나 원."

두 사람은 잠깐 걸음을 멈추고 온 길을 돌아본다.

"그러면 이렇게 합시다."

하고 조신이 다시 말을 내인다.

"어떻게요?"

하고 김랑이 한 걸음 가까이 와서 조신의 손을 잡는다.

"아가씨를 소승의 출가 전 상전의 따님이라고 합시다."

"그러면?"

"아가씨 팔자가 기박하여 어려서 집을 떠나서 부모 모르게 길러야 된다고 하여서, 소승이 모시고 어느 절에 가서 아가씨를 기르다가 이제 서울 댁으로 모시고 간다고 그립시다. 그러면 감쪽같지 않소?"

"황송도 해라, 종이라니?"

"아무려나 오늘은 그렇게 하기로 합시다. 그리고 이제는 먼동이 훤히 텄으니, 산 속에 들어가 숨었다가 햇발이나 많이 올라오거든 인가를 찾아갑시다. 첫새벽에 길에서 사람을 만나면 도망군이로 알지 아니하겠소?"

"시님은 지혜도 많으시오. 오래 도를 닦으셨기에 그렇게 지혜가 많으시지."

하고 김랑은 웃었다.

조신은 김랑의 말에 부끄러웠다. 그러나 평생 소원이요, 죽기로써 얻기를 맹세하였던 김랑을 이제는 내 것을 만들었다 하는 기쁨이 더욱 컸다.

두 사람은 길을 버리고 산골짜기로 들었다. 아직 풀이 자라지 아니하여서 몸을 감출 수 없는 것이 안타까웠다.

"아가씨, 다리 아니 아프시오?"

"다리가 아파요."

"그럼 어떡허나? 이 보퉁이를 드시오, 그리고 내게 업히시오."

"아이, 숭해라. 그냥 가세요."

두 사람은 한정 없이 올라갔다. 아무리 올라가도 동해 바다가 보이고 산 밑으로 통한 길이 보이는 것만 같았다.

"이만하면 꽤 깊이 들어왔는데."

하고 조신은 돌아서서 앞을 바라보았다. 아직 해는 오르지 아니하였다.

다만 동쪽 바다에 가까운 구름이 누르스름하게 물이 들기 시작하였을 뿐이다.

"이제 고만 가요."

"아직도 길이 보이는데."

"그래도 더 못 가겠어요."

하고 김랑은 몸을 못 가누는 듯이 젖은 바위에 쓰러지듯이 앉는다.

"조금만 더 올라갑시다. 이 물줄기가 꽤 큰 것을 보니 골짜기가 깊을 것 같소. 길에서 안 보일 만한 데 들어가서 쉽시다."

"아이, 다리를 못 옮겨 놓겠는데."

"그럼, 내게 업히시오."

하고 조신은 김랑에게로 등을 돌려 댄다.

"그러기로 그 보퉁이도 무거울 터인데 나꺼정 업고 어떻게 산길을 가시랴오?"

"그래도 어서 업히시오. 소승은 산길에 익어서 평짓길이나 다름이 없으니 자, 어서."

김랑은 조신의 등에 업혔다. 어린애 모양으로 두 팔로 조신의 어깨를 꼭 잡고 뺨을 조신의 등에 닿였다.

조신은 평생 처음으로 여자의 몸에 몸을 닿인 것이다. 비록 옷 입은 위라 하더라도 김랑의 부드럽고 따뜻한 살 기운을 감촉할 수가 있는 것 같았다.

조신은 김랑을 업은 것이 기쁘고 또 보퉁이의 무거운 것이 기뻤다. 그는 한참 동안 몸이 더 가벼워진 듯하여서 성큼성큼 시내를 끼고 올라 갔다. 천 리라도 만 리라도 갈 수 있는 것만 같았다.

이따금 짐승이 놀라서 뛰는 소리도 들리고 무척 일찍 일어나는 새소리도 들렸다. 그러한 때마다 조신은 마치 용선 화상이나 평목이,

"조신아, 조신아."

하고 부르는 것만 같아서 몸을 멈칫멈칫하였다.

　"우리가 얼마나 왔어요?"

하고 등에 업힌 김랑이 한삼으로 조신의 이마와 목의 땀을 씻어 주며 물었다.

　"어디서, 낙산사에서? 큰 길에서?"

　"낙산사에서."

　"오십 리는 왔을 것이오."

　"길에서는?"

　"길에서도 오 리는 왔겠지."

　"인제 고만 내립시다."

　"좀 더 가서."

　"그건 그렇게 멀리 가면 무엇하오? 나올 때 어렵지요."

　"관에서 따라오면 어떡허오?"

　"해가 떴어요."

　"어디!"

　"저 앞에 산봉우리 보셔요."

　조신은 고개를 들어서 앞을 바라보았다. 과연 상봉에 불그레하게 아침 볕이 비치었다.

　"인제 좀 내려놓으셔요."

하고 김랑은 업히기 싫다는 어린애 모양으로 두 팔로 조신의 어깨를 떠밀고 발을 버둥거렸다.

　조신은 언제까지나 김랑을 업고 있고 싶었다. 잠시도 몸에서 내려놓고 싶지 아니하였다. 그러나 팔은 아프고 땀은 흐르고 숨은 찼다. 조신은 거기서 몇 걸음을 더 걷고는 김랑을 등에서 내려놓았다.

　올려 쏘기 시작하는 아침 햇빛은 순식간에 골짜기까지 내려왔다. 하늘에 닿는 듯한 소나무 잣나무 사이로 금화살 같은 볕이 쭉쭉 내려 쏘아서 풀잎에 이슬 방울들이 모두 영롱하게 빛나고 시냇물 소리도 햇빛을 받아서는 더 요란한 것 같았다.

"우수수."

"돌돌돌돌."

하는 수풀에 지나가는 바람 소리와 돌 위에 흘러가는 냇물 소리에 섞여서 뻐꾹새와 꾀꼬리와 산새들의 소리가 들리기 시작하였다.

김랑은 작은 바위 위에 걸터앉아서 조신을 물끄러미 바라보았다. 그 눈은 다정한 미소가 있으나, 그래도 피곤한 빛은 가리울 수가 없었다. 밤새도록 걸음을 걸었으니 배도 고팠다.

"이제 어디로 가요?"

하고 김랑은 어디를 보아도 나무뿐인 골짜기를 휘 둘러보았다.

"글쎄, 어디 좀 쉴 만한 데를 찾아야겠는데, 저 굽이만 돌면 좀 평평한 데가 있을 것도 같은데."

하고 조신은 작은 폭포라고 할 만한 굽이를 가리켰다.

조신의 등에 척척 달라붙은 저고리가 선뜩선뜩하였다.

"좀더 올라갑시다. 어디 의지할 데가 있어야 쉬지 않아요?"

하고 조신은 깨끗한 굴 같은 것을 생각하였다. 혹은 삼꾼이나 사냥꾼의 막 같은 것을 생각하였다. 그런 것이 있을 것만 같았다. 그러한 데를 찾아서 깨끗이 치워 놓고 김랑을 쉬게 하고 또 둘이서 한 자리에 쉬는 기쁨을 상상하였다. 그것은 아무도 볼 수 없는 데, 햇빛도 바람결도 볼 수 없는 데이기를 바랐다. 조신과 김랑과 단 둘이만 있는 데이기를 조신은 바라면서 김랑을 두리쳐 업고 또 걷기를 시작하였다.

골짜기가 갑자기 좁아지고 물소리는 더욱 커졌다. 물문이라고 할 만한 좌우 석벽에는 철쭉이 만발하여 있었다.

그 목을 넘어가서는 조신이가 상상한 대로 둥그스름하게 평평하게 된 벌판이라고 할 만한 것이 나섰다. 그 벌판에는 잡목이 있었다.

"아이, 저 철쭉 보아요."

하고 등에 업힌 김랑이 소리를 쳤다.

"응."

하고 조신은 땀방울이 뚝뚝 흐르는 머리를 쳐들었다.

산비둘기 소리가 구슬프게 들렸다.

마침내 조신은 굴 하나를 찾았다. 개천에서 한참 석벽으로 올라가서 굴의 입이 보였다.

"여기 굴이 있다!"

하고 조신은 기쁜 소리를 질렀다.

"아가씨, 여기 계시오. 소승이 올라가 있을 만한가 아니한가 보고 오리다."

하고 조신은 김랑을 내려놓고 옷 소매로 이마에 땀을 씻고 석벽을 더듬어서 올라갔다.

조신은 습관적으로,

"나무 관세음보살."

을 부르고 그 굴 속으로 고개를 쑥 디밀었다. 저 속은 얼마나 깊은지 모르나 사람이 들어가 서고 누울 만한 데도 꽤 넓었다.

'됐다!'

하고 조신은 김랑과의 첫날밤의 즐거운 꿈을 생각하면서 굴에서 나왔다.

"아가씨, 여기 쉴 만합니다."

하고는 도로 김랑 있는 데로 내려와서 김랑더러 거기 잠깐 앉아 기다리라 하고 개천 저 쪽 수풀 속으로 들어가서 삭정 솔가지와 관솔과 마른 풀을 한 아름 가지고 왔다.

"불을 때요?"

하고 김랑이 묻는다.

"먼저 불을 때야지요. 그래서 그 속에 있던 짐승과 버러지들도 나가고 습기도 없어지고 또 춥지도 않고."

하고 조신은 또 가서 나무와 풀을 두어 번이나 안아다가 굴 앞에 놓고 부시를 쳐서 불을 살랐다.

컴컴하던 굴 속에는 뻘건 불길이 일어나고 바위 틈으로는 연기가 새어나오기 시작하였다.

조신은 나무를 많이 지펴 놓고는 김랑 있는 데로 돌아 내려와서 김랑을 안고 개천을 건너서 큰 나무 뒤에 숨었다.

"왜 숨으셔요?"

하고 김랑은 의심스러운 듯이 조신을 쳐다본다.

"짐승이 나오는 수가 있습니다."

"굴 속에서?"

"네, 굴은 짐승들의 집이니까."

"무슨 짐승이 나와요?"

"보아야 알지요, 곰이 나올는지 너구리가 나올는지 구렁이가 나올는지."

"에그, 무서워라!"

"불을 때면 다 달아나고 맙니다."

"시님은 굴에서 여러 번 자 보셨어요?"

"중이나 화랑*이나 심메꾼*이나 사냥꾼이나 굴잠 아니 자 본 사람 어디 있어요?"

이 때에 굴 속에서 시커먼 곰 한 마리가 튀어나와서 두리번거리다가 뒷산으로 달아 올라가는 것이 보였다.

"곰의 굴이로군."

하고 조신은 김랑을 돌아보고 빙그레 웃었다.

＊ **화랑**(花郞) 신라 시대의 청소년 민간 수양 단체. 또는 그 중심 인물.
＊ **심메꾼** 산삼 캐는 것을 업으로 하는 사람. 심마니.

"그게 곰이오?"

하고 김랑은 조신의 팔에 매어달린다.

"아가씨는 곰을 처음 보시오?"

"그럼, 말만 들었지."

"가만히 보고 계시오, 또 나올 테니."

"또?"

"그럼, 지금 나온 놈이 수놈이면 암놈이 또 나올 거 아니오? 새끼들
도 있는지 모르지."

"가엾어라. 그러면 그 곰들은 어디 가서 사오?"

"무어, 우리 둘이 오늘 하루만 빌어 있는 것인데. 우리들이 가면 또
들어와 살겠지요."

"이크, 또 나오네!"

하고 김랑은 등을 조신의 가슴에 딱 붙이고 안긴다. 또 한 곰이 새끼들
을 데리고 나와서 또 두리번거리다가 아까 나간 놈의 발자국을 봄인지
그 방향으로 따라 올라갔다.

"인제 다 나왔군. 버러지들도 다 달아났을 것이오."

하고 조신은 김랑을 한 번 꽉 껴안아 본다. 조신의 목에 걸린 염주가 흔
들린다.

조신은 굴 아궁이에 불을 한 거듭 더 집어넣고 또 개천 건너로 가서
얼마를 있더니 칡뿌리와 먹는 풀뿌리들과 송순 많이 달린 애소나무 가
장귀를 꺾어서 안고 돌아왔다.

"자, 무얼 좀 먹어야지. 이걸 잡수어 보시오."

하고 먼저 송기*를 벗겨서 김랑에게 주고 저도 먹었다. 송기는 물이 많
고 연하였다.

＊ 송기(松肌) 소나무의 속껍질. 이것을 섞어서 떡을 만들거나 죽을 쑤기도 한다.

"맛나요."

하고 김랑은 송기를 씹고 송기 벗긴 솔가지를 빨아먹었다.

"송기는 밥이구 송순은 반찬이오. 이것만 먹고도 며칠은 삽니다."

둘이서는 한참 동안이나 송기와 송순을 먹었다.

"자, 칡뿌리. 이것도 산에 댕기는 사람은 밥 대신 먹는 것이오. 자, 이게 연하고 달 것 같습니다. 응, 응, 씹어서 물을 빨아먹는 건데, 연하거든 삼켜도 좋아요."

하고 조신은 그 중 살지고 연할 듯한 칡뿌리를 물에 씻어서 김랑을 주었다.

김랑은 조신이가 주는 대로 칡뿌리를 받아서 씹는다. 조신도 먹는다. 그것들이 모두 별미였다. 곁에 김랑이 있으니, 바윗돌을 먹어도 맛이 있을 것 같았다.

얼마쯤 먹은 뒤에 조신은 지나가는 사람이 있더라도 자취를 아니 보일 양으로 나머지를 묶어서 큰 나무 뒤에 감추어 버렸다. 그리고는 물을 많이 마시고, 조신은,

"자, 인제 올라가 굴 속에서 쉽시다. 그리고 다리 아픈 것이 낫거든 길로 내려갑시다."

하고 김랑의 손을 잡아서 끌고 굴 있는 데로 올라갔다. 불은 거의 다 타고 향긋한 냄새가 나 풍길 뿐이었다.

조신은 타다 남은 불을 굴 가장자리로 모아서 화로처럼 만들어 놓고 솔가지로 바닥에 재를 쓸어 내고 그 위에 마른 풀을 깔았다.

"자, 아가씨 들어오셔요."

하고 조신은 제가 먼저 허리를 굽혀서 굴 속으로 들어갔다.

굴 속은 후끈하였다.

김랑은 잠시 주저하는 듯하더니 조신의 뒤를 따라서 굴 속에 들어갔다.

"지금 이 굴 속에는 즘생 하나, 버러지 하나 없으니, 마음놓으시오."

하고 조신은 기름한 돌을 마른 풀로 싸서 베개까지도 만들어서 김랑에게 주었다.

이튿날 아침에 두 사람은 굴 속에서 나왔다. 조신은 김랑의 얼굴을 밝은 데서 대하기가 부끄러웠으나, 김랑은 더욱 부끄러운 듯이 두 손으로 얼굴을 가리웠다.

두 사람은 시냇가에 내려와서 양추하고 세수를 하였다.

조신은 세수를 끝내고는 서쪽을 향하여서 합장하고 염불을 하려 하였으나, 어쩐 일인지 두 손이 잘 올라가지를 아니하였다. 제 몸이 갑자기 더러워져서 다시 부처님 앞에 설 수 없는 것 같음을 느꼈다. 그래도 십수 년 하여 오던 습관에 부처님을 염하고 아침 예불을 아니하면 갑자기 무슨 큰 버력*이 내릴 것 같아서 무서웠다. 그래서 조신은 억지로 두 손을 들어서 합장하고 들릴락말락한 소리로,

"나무 아미타불."

열 번과,

"나무 관세음보살 마하살."

열 번을 불렀다.

조신이 염불을 하고 나서 돌아보니 김랑이 조신의 모양을 웃고 보고 섰다가,

"그러고도 염불이 나오시오?"

하고 물었다.

조신은 무안한 듯이 고개를 숙였다.

"제가 공연히 나타나서 시님의 도를 깨뜨렸지요?"

하고 김랑은 시무룩하면서 물었다.

"아가씨 곁에 있는 것이 부처님 곁에 있는 것보다 낫습니다."

---

* 버력 하늘이나 신령이 사람의 죄악을 징계하느라고 내리는 벌.

하고 조신은 겸연쩍은 대답을 한다.

"아가씨는 다 무엇이고, 고맙습니다는 다 무엇이오? 인제는 나는 시님의 아낸데."

하고 김랑은 상긋 웃는다.

"그럼, 시님은 다 무엇이오? 나는 아가씨 남편인데."

"또 아가씨라셔, 하하."

"그럼, 갑자기 무에라고 부릅니까?"

"응, 또 부릅니까라셔, 하하. 시님이 퍽은 용렬하시오."

"아가씨도 소승을 시님이라고 부르시면서."

"응, 인제는 또 소승까지 바치시네. 파계한 중이 소승은 무슨 소승이오? 출분한 계집애가 아가씨는 무슨 아가씨고, 하하하하."

하고 김랑은 조신과 자기를 둘 다 조롱하는 듯이 깔깔대고 웃는다.

조신은 어저께 굴을 찾고 곰을 쫓고 할 때에는, 또 밤새도록 김랑에게 팔베개를 주고 무섭지 말게, 추워하지 말게 억센 팔에 폭 껴안아 줄 때에는 자기가 김랑의 주인인 것 같더니, 김랑이 자기를 보고 파계승이라고 깔깔대고 웃는 것을 보는 지금에는 김랑은 마치 제 죄를 다루는 법관과도 같고, 저를 유혹하고 조롱하는 마귀와도 같아서 섬뜨레함*을 느꼈다. 그래서 조신은 김랑으로부터 한 걸음 뒤로 물러섰다.

"시님, 노여우셨어요? 자, 아침이나 먹어요."

하고 김랑은 조신이가 들고 섰는 보퉁이를 빼앗으며,

"자, 여기여기 앉아서 우리 아침이나 먹어요."

하고 제가 먼저 물가 바위 위에 앉으며 보퉁이를 끄른다. 그 속에서는 백지에 싼 떡이 나왔다.

조신도 김랑의 곁에 앉았다.

---

* 섬뜨레하다 미안하여 볼 낯이 없다.

"이게 웬 떡이오?"

"도망꾼이가 그만한 생각도 아니하겠어요."

하고 떡 한 조각을 손수 떼어서 조신에게 주면서,

"자, 잡수셔요. 아내의 손에 처음으로 받아 잡수어 보시오."

하는 양이 조신에게는 어떻게 기쁘고 고마운지 황홀할 지경이었다.

조신은 그것을 받아먹으면서,

"그러면 이 보퉁이에 있는 게 다 떡이오?"

하고 물었다.

"우리 일생 먹을 떡이오."

하고 김랑이 웃는다.

"일생 먹을 떡?"

하고 조신은 그것이 은금 보화가 아니요, 떡이라는 것이 섭섭하였다.

"왜, 떡이면 안 돼요?"

"안 될 건 없지마는, 난 무슨 보물이라고."

"중이 욕심도 많으시오. 나 같은 여편네만으로도 부족해서 또 보물?"

하고 김랑은 조신을 흘겨본다.

조신은 부끄러웠다. 모든 욕심 ……. 이른바, 오욕을 다 버리고 무상도*만을 구하여야 할 중으로서 여자를 탐내고 또 보물을 탐내고……. 이렇게 생각하면 앞날과 내생이 무서웠다.

"보물 좀 보여 드릴까요? 자."

하고 김랑은 미안한 듯이 보퉁이 속에 싸고 또 싼 속 보퉁이를 끄르고 백지로 싼 것을 또 끄르고 또 끄르고 마침내 그 속에서 금가락지, 금비녀, 은가락지, 은비녀, 옥가락지, 옥비녀, 산호, 금패, 호박 같은 것들이 번쩍번쩍 빛을 발하고 쏟아져 나왔다.

---

* 무상도(無上道) 더할 나위 없이 훌륭한 도라는 뜻으로 불도를 가리킴.

"아이구!"

가난한 집에 태어나서 여태껏 중노릇만 한 조신의 눈에는 이런 것들이 모두 처음이었다. 누런 것이 금인 줄은 부처님 도금을 보아서 알거니와, 그 밖에 다른 것들은 무엇이 무엇인지 이름도 알 길이 없었다.

"이만하면 어디를 가든지 우리 일생 평안히 먹고 살지 않아요?"

하고 달례는 굵다란 금비녀를 들어서 흔들어 보이면서,

"이것들을 팔아서 땅을 장만하고, 집을 하나 얌전하게 짓고, 그리고 우리 둘이 아들딸을 낳고 산단 말야요. 우리 둘이 머리가 파뿌리가 되도록."

하고 조신에게 안긴다.

"늙지도 말았으면."

조신은 늙음이 앞에 서기나 한 것같이 낯을 찡그렸다.

"어떻게 안 늙소?"

달례도 양미간을 찌푸렸다.

"늙으면 죽지 않어?"

"죽기도 하지마는 보기 숭해지지 않소? 얼굴에는 주름이 잡히고 살 갗도 꺼칠꺼칠해지고."

"또 기운도 없어지고."

"눈이 흐려지고, 아이 숭해라."

달례는 깔깔대고 웃는다.

조신은 달례의 저 고운 얼굴과 보드라운 살이 늙으려니 하면 슬펐다. 하물며 그것이 죽어서 썩어지려니 하면 견딜 수가 없었다.

"그런 생각은 맙시다, 흥이 깨어지오. 젊어서 어여쁘고 기운 있는 동안에 재미있게 삽시다. 자, 우리 가요. 어디 좋은 데로 가요."

달례는 이렇게 말하고 조신을 재촉하였다.

두 사람은 일어났다.

둘째권

조신은 달례를 데리고 남으로 남으로 걸었다.

뒤에서 무엇이 따르는 것만 같고 수풀 속에서도 무엇이 뛰어나오는 것만 같았다. 미인과 재물을 지니고 가는 것만 하여도 마음 졸이는 일이어든 하물며 남의 약혼한 처녀를 빼어 가지고 달아나는 조신의 마음의 졸임은 비길 데가 없었다.

게다가 달례의 말을 듣건댄, 그의 새서방이 될 뻔한 모례는 글도 잘하거니와, 칼도 잘 쓰고 활도 잘 쏘고 말도 잘 달리고 또 풍악도 잘하는 화랑이었다. 모례가 칼을 차고 활을 들고 말을 타고 따라오면 어찌하나 하면 조신은 겁이 났다.

이 때에,

"조신아, 조신아. 섰거라!"

하고 외치는 소리가 들렸다.

조신은 다리가 와들와들 떨렸다. 하마터면 그 자리에 주저앉을 뻔하였다.

"어떻게 해, 이를 어째!"

하고 조신은 달례와 보물 보퉁이를 두리쳐 업고 뛰었다. 그러나 겁을 집어먹은 조신의 다리는 방앗공이 모양으로 디딘 자리만 되디디는 것 같았다. 마침 나무 한 포기 없는 데라 어디 숨을 곳도 없었다. 조신에게는 이 동안이 천 년은 되는 것 같았다.

"하하하하."

하고 뒤에 웃는 소리가 들렸다. 이제나 저제나 하고 기다려도 모례의 화살은 날아오지 아니하였다.

"내야, 조신아, 내다. 평목이다."

평목은 벌써 조신을 따라잡았다.

조신은 뒤를 돌아보았다. 그것은 분명히 입이 넓기로 유명한 평목이었다.

조신은 그만 달례를 업은 채로 길바닥에 주저앉았다. 맥이 풀린 것이었다.

조신의 몸은 땀에 떴다. 숨은 턱에 닿았다. 목과 입이 타는 듯이 말랐다. 눈을 바로 뜰 수가 없고 입이 열리지를 아니하였다.

평목은 조신의 머리를 싼 헝겊을 벗겼다. 맹숭맹숭한 중대가리다.

"이놈아, 글쎄 내 소리도 못 알아들어? 그렇게 내다 해도 못 알아들어?"

평목은 큰 입으로 비쭉거리고 웃었다.

"아이구, 평목아, 사람 살려라."

조신은 비로소 입을 열었다.

"이놈아, 글쎄 중놈이 백주에 남의 시집갈 아가씨를 빼 가지고 달아나니깐 발이 저리지 않아?"

평목은 더욱 싱글싱글하였다.

"그래 너는 어떻게 알고 여기 따라왔니?"

"시님께서 가 보라고 하시니까 따라왔지."

"내가 이 길로 오는 줄 어떻게 알고?"

"노시님이 무엇은 모르시니? 남으로 남으로 따라가면 만나리라고 그러시더라."

"그래 너는 왜 온 거야?"

"글쎄, 시님께서 보내셔서 왔다니까."

"아니, 왜 보내시더냐 말이다."

"너를 붙들어 오라고. 지금 사또께서 야단이셔. 벌써 읍으로 기별을 하셨으니까, 군사들이 사방으로 떨어날 것이다. 그러면 네가 어디로 달아날 테야? 바람개비니 하늘로 오를 테냐, 두더지니 땅으로 들 테냐? 꼼짝 못하고 붙들리는 날이면 네 모가지가 뎅겅 떨어지는 날야. 그러니까 어서 나하고 아가씨 모시고 돌아가자, 가서 빌어. 아직 아가씨 말짱하십니다, 하고 빌면 네 모가지만은 제자리에 붙어 있을 것이다. 자, 어서 가자."

하고 평목은 달례를 향하여,

"아가씨, 어서 날 따라오시오. 글쎄 아가씨도 눈이 삐었지, 어디로 보기로 글쎄 저런 찌그러진 검둥이놈헌테 반하시오? 자, 어서 가십시다. 만일 진정 모례라는 이가 싫거든 내 좋은 신랑을 한 사람 중매를 하오리다. 하다못하면 내라도 신랑이 되어 드리지요."

평목은 이렇게 지절대며 어깨를 밀어서 앞을 세웠다.

"이놈이."

하고 조신은 번개같이 덤벼들어서 평목의 뺨을 때렸다.

"네, 이놈! 또 한 번 그런 소리를 해 보아라. 내가 너를 죽여 버리고 말 테다."

조신은 씨근씨근하였다.

"이 못난 녀석이 어디 이런 기운이 있었어?"

평목은 달례를 놓고 커다란 입을 벌리고 껄껄 웃었다.

평목이가 웃고 보니, 조신은 부끄러움이 나서, 제 손으로 때린 평목의 뺨이 불그스레하여지는 것을 겸연쩍게 바라보았다.

평목은 어깨에 걸쳤던 보퉁이를 내려서 조신의 앞에 내어밀며,

"엇네, 노시님이 보내시는 걸세."

하였다.

"그게 무엔가?"

조신은 더욱 무안하였다.

"끌러 보면 알지."

조신은 끌렀다. 거기서 나온 것은 법당에 벗어 팽개를 치고 왔던 칡

베 장삼*과 붉은 가사*였다.

"이건 왜 보내신다던가?"

조신은 가사와 장삼을 두 손으로 받들어 들고 물었다.

"노시님께서 그러시데. 이걸 조신이놈을 갖다 주어라, 이걸 보고 조신이놈이 돌아오면 좋고, 안 돌아오거든 몸에 지니고나 댕기라고 일러라, 지금은 몰라도 살아가노라면 쓸 날이 있으리라, 그러시데. 그럼 잘 가게, 나는 가네. 부디 재미나게들 살게. 내 사또 뵙고 자네들이 하슬라 쪽으로 가더라고 거짓말을 하여 줌세. 사또도 사또지, 이제 저렇게 된 것을 다시 붙들어 가면 무얼 하노."

하고 평목은 조신과 달례를 바라보고 한 번 씩 웃고는 뒤도 아니 돌아보고 휠휠 오던 길로 가고 말았다.

"고마웨, 평목이 고마웨."

하고 조신이 외쳤으나 평목은 들은 체도 아니하였다.

조신은 용선 노사와 평목의 일이 고마웠다. 그러나 그런 생각도 할 새가 없었다. 조신은 달례를 데리고 어서 달아나야 한다. 모든 것을 다 잃어도 달례를 잃어서는 아니 된다.

평목은 사또에게 조신이 달아난 길을 가리키지 아니한 모양이었다. 그들은 무사히 태백산 밑까지 달아날 수가 있었다.

여러 번 의심도 받았고 또 왈패들을 만나서 달례를 빼앗길 뻔도 하였으나 조신은 그 때마다 용하게도, 혹은 구변으로, 혹은 담력으로 이러한 곤경들을 벗어났다.

"이게 다 관세음보살님 은혜야."

조신은 곤경을 벗어날 때마다 달례를 보고 이런 말을 하였다.

---

* 장삼(長衫) 검은 베로 길이가 길고 소매를 넓게 만든 중의 웃옷.
* 가사(袈裟) 중이 장삼 위에 왼쪽 어깨에서 오른쪽 겨드랑 밑으로 걸치어 입는 법복. 종파와 계급에 따라서 그 빛깔과 형식에 엄밀한 규정이 있음.

조신은 태백산 깊숙한 곳에 들어가서 터를 잡고 집을 짓고 밭을 이뤘다. 모든 것이 다 뜻대로 되는 것만 같았다. 보리를 심으면 보리가 잘 되고, 콩을 심으면 콩도 잘 되었다. 닭을 안기면 병아리도 잘 까고, 병아리를 까면 다 잘 자랐다. 개도 말같이 크고, 송아지도 얼른 큰 소가 되었다. 호박도 동이만하게 열었다. 물도 좋고 바람도 좋았다. 이따금 호랑이, 곰, 멧돼지*, 살쾡이, 족제비 같은 것이 내려오는 모양이나 아직도 강아지 하나, 병아리 한 마리 잃은 일이 없었다.

"관세음보살님 덕이야, 산신님 덕이고."

조신은 이렇게 기뻐하였다.

이러한 속에 옥 같은 달례를 아내로 삼아 가지고 살아가는 조신은 참 복되었다. 이웃에 사는 사람들도 다 부러워하였다.

첫아들을 낳았다. 그것은 꿈에 미력님을 뵈옵고 났다고 하여서 '미력'이라고 이름을 지었다.

다음에 딸을 낳았다. 그것은 꿈에 달을 보고 났다고 하여 '달보고'라고 이름을 지었다.

셋째로 또 아들을 났다. 그것은 꿈에 칼을 보고 낳다고 하여서 '칼보고'라고 이름을 지었다.

넷째로 또 딸을 낳았다. 그의 이름은 '거울보고'였다.

인제는 조신에게는 부족한 것이 아무것도 없었다. 단 한 가지 걱정되는 것은 늙는 것이었다. 조신은 벌써 오십이 가까웠다. 머리와 수염에 희끗희끗한 것이 보이고 그렇게 꽃 같은 달례도 자식을 넷이나 낳으니 눈초리에 약간 잔주름이 보이고 살에 빛도 줄었다. 달례도 벌써 삼십이 넘었다.

조신은 아니 늙으려고 산삼도 캐러 다니고 사슴도 쏘러 다녔다.

"내가 살자고 너를 죽이는구나."

---

* 멧돼지 멧돼지과의 산짐승. 돼지의 원종으로 주둥이가 매우 길고 날카로운 송곳니가 있음.

하고 조신은 살을 맞고 쓰러져서 아직 채 죽지도 아니한 사슴의 가슴을 뚫고 그 피를 빨아먹었다. 그리고 용을 갖다가 식구들이 다 나눠 먹었다.

산삼도 먹었다.

이것으로 정말 아픔과 늙음과 죽음이 아니 오려는가?

하루는 조신이 삼을 캐러 갔다가 집에 돌아오니, 미력이, 달보고, 칼보고 세 아이가 나와 놀다가 아비가 돌아오는 것을 보고,

"아버지, 손님 왔어."

하고 조신에게로 내달았다.

"손님? 어떤 손님?"

조신은 가슴이 덜컥 내려앉는 것 같았다. 이 집에 찾아올 손님이 있을 리가 없었다.

"중이야."

"중?"

조신은 벌써 중이 아니었다.

"응, 입이 커다래."

"엄마가 알든?"

"처음에는 누구셔요? 하고 모르더니 손님이 이름을 대니까 엄마가 알든데."

"이름이 뭐래?"

"무에라더라? 무슨 목이."

조신은 다 알았다. 평목이로구나 하고,

"평목이라던?"

하고 미력이를 보고 물었다.

"오라, 평목이 평목이래, 하하."

아이들은 평목이란 이름과 입이 커다란 것을 생각하고 웃는다.

그러기로 평목이가 어찌하여서 왔을까. 대관절 어떻게 알고 찾아왔을까. 조신은 큰 비밀이 깨어질 때에 제게 있는 모든 복이 터무니없이 깨어지는 것 같아서 섬뜨레하였다.

조신은 그 동안 십여 년을 마음 턱 놓고 살았던 것이다. 남의 시집갈 처녀를 훔쳐 왔다는 것이 마음에 걸리기는 하나 그렇더라도 이제야 뉘가 알랴 한 것이었다. 달례의 부모도 인제는 달례를 찾기를 단념하였을 것이요, 또 모례도 인제는 다른 새아씨한테 장가를 들었으리라고 생각하기 때문에 마음을 놓고 있었다. 그러하던 것이 불의에 평목이 온 것을 아니 기억은 십오 년 전으로 돌아가 마치 바늘 방석에 앉은 것 같았다.

평목이란 조신이 알기에는 결코 좋은 중은 아니었다. 낙산사에 있을 때에 용선 시님의 눈을 기이고는 술도 먹고 고기도 먹고 또 재 올리러 온 젊은 여자들을 노리기도 하던 자였다. 또 도적질도 곧잘 하던 자였다. 그 커다란 입으로 지절대는 소리는 모두 거짓말이었고 남을 해치는 말이었다. 그런데 이 작자가 조신과 달례를 곱다랗게 놓아 보낸 것이 수상하다고 생각하였으나, 그것은 용선 시님의 심부름이기 때문이라고 조신은 생각하였다.

집에 온 것은 과연 평목이었다. 그도 인제는 중늙은이 중이었다.

"평시님, 이게 웬일이오?"

조신은 옛날 습관으로 중의 인사를 하였다.

"지나던 길에 우연히 들렀소."

하고 평목도 십오 년 전 서로 작별할 때보다는 무척 점잖았다.

그 날 밤 조신은 평목과 한 방에서 잤다. 두 사람은 낙산사의 옛날로 돌아가서 이야기가 끝날 바를 몰랐다. 용선 시님은 아직도 정정하시고 평목은 이번 서라벌까지 다녀오는 길에 산천 구경 겸 온 것이라고 하였다.

그러나 물론 조신은 평목의 말은 무엇이나 반신반의하였다. 더구나 평목 자신에 대한 말은 믿으려고도 아니하였다.

이것은 조신만이 그런 것이 아니라 평목을 잘 아는 사람은 다 그러하였다. 평목은 악인은 아니나 거짓말쟁이였다.

"그런데 아무려나 기쁘오. 참 재미나게 사시는구료."

평목은 이렇게 말하였다.

조신에게는 평목의 말이 빈정거리는 것으로 들릴뿐더러, 그 말에는 독이 품긴 것 같았다.

"재미가 무슨 재미요? 부끄러운 일이지."

하고 조신은 노시님이 평목을 시켜서 보내어 준 가사와 장삼을 생각하였다.

오랫동안 잊어버렸던 것이기 때문에 지금은 그것이 어디 들었는지도 알 수 없었다.

"재미가 무슨 재미? 그럼 나허구 바꾸려오?"

평목은 벌떡 일어나 앉으며 이런 소리를 하였다.

"바꾸다니?"

조신은 불끈함을 느꼈다.

"아니, 나는 이 집에서 재미나게 살고 시님은 나 모양으로 중이 되어서 떠돌아다녀 보란 말요."

평목은 농담도 아닌 것같이 이런 소리를 하였다.

"에잉?"

하고 조신은 돌아누우며,

"원, 아무리 친한 처지라 하여도, 농담이라 할지라도 할 말이 다 따로 있는 것이지, 그게 다 무슨 소리란 말요?"

하고 쩝 소리가 나도록 입맛을 다셨다. 평목이 달례에게 불측한 생각을 가졌거니 하니 당장에 평목을 어떻게 하기라도 하고 싶었다.

"흥, 어디 내게 그렇게 해 보오. 이녁*은 남의 아내를 훔쳐 낸 사람 아니오? 내 입에서 말 한 마디만 나와 보오. 흥, 재미나게 살겠소. 모가지는 뉘 모가지가 날아나고? 강물은 제 곬으로 가고 죄는 지은 데로 가는 거야. 모례가 지금 어떻게 당신을 찾는 줄 알고."

평목은 침을 탁 뱉었다.

모례란 말에 조신은 전신이 오그라드는 듯하였다. 모례는 달례의 남편이 될 사람이었다. 칼 잘 쓰고 말 잘 타기로 서울에까지 이름이 난 화랑이었다. 조신도 화랑이란 것을 잘 아는 바에 화랑이란 한 번 먹은 뜻을 변함이 없고, 한 번 맺은 의를 끊는 법이 없다. 모례가 십오 년이 지난 오늘에도 달례를 찾을 것은 당연한 일인 것 같았다. 그렇게 생각하면 조신은 무서웠다. 한 번 모례와 마주치는 날이면 매를 만난 새와 같아서 조신은 아무리 날쳐도 그 손을 벗어나지 못할 줄을 안다.

이렇게 생각하고 조신은 벌떡 일어났다.

"평시님, 아니, 정말 모례가 아직도 나를 찾고 있소?"

"어찌 안 찾을 것이오? 제 아내를 빼앗기고 찾지 않을 놈이 어디 있단 말요. 하물며 화랑이어든. 화랑이, 그래 한 번 먹은 뜻을 변할 것 같소?"

"아니, 평시님, 똑바로 말을 하시오. 정말 모례가 나를 찾소?"

"찾는단밖에. 이제 다 버린 계집을 찾아서 무엇하겠소마는 두 연놈을 한 칼로 쌍동 자르기 전에 동이덩이같이 맺힌 분이 풀릴 것 같소?"

"아니. 정말 평시님이 모례를 보았느냐 말이오? 정말 모례가 이 조신을 찾는 것을 보았느냐 말이오?"

"글쎄 그렇다니까. 모례가 그 때부터 공부도 벼슬도 다 버리고 원수 갚으러 나섰소. 산골짜기마다 굽이 샅샅이 뒤져서 아니 찾고는 말지

---

* 이녁 상대편을 낮추어 부르는 말.

아니할 것이오. 오늘이나 내일이나 여기도 올는지 모르지. 시님도 그만큼 재미를 보았으니 인제 그만 내어 놓을 때도 되지 않았소? 인제는 벌을 받을 날이 왔단 말요."

평목은 어디까지나 조신을 간지려 죽이려는 듯이 눈과 입가에 비웃음을 띠고 있었다.

"시님."

하고 조신은 떨리는 음성으로,

"시님, 이 일을 어찌하면 좋소? 그 때에도 시님이 나를 살리셨으니 이번에도 시님이 나를 살려 주시오. 네 아이들을 불쌍히 여기셔서 시님이 나를 살려 주시오. 제발 활인 공덕을 하여 주시오. 여섯 식구를 죽게 하신대서야 살생이 되지 않소? 평시님, 제발 나를 살려 주시오."

하고 두 팔을 짚고 꿇어앉아서 수없이 평목의 앞에 머리를 조아렸다.

"글쎄, 시님도 그렇게 좋은 말로 하시면 모르지마는 시님이 만일 아까 모양으로 내 비위를 거스린다면 나도 다 생각이 있단 말이오. 안 그렇소?"

평목은 가슴을 내밀고 고개를 잦힌다.

"그저 다 잘못했으니 살려만 주오."

조신은 또 한 번 이마를 조아린다.

"그러면 내가 시님이 같이 살던 부인이야 어찌 달라겠소마는 따님을 날 주시오. 아까 보니까 이쁘장한 게 어지간히 쓰겠습니다."

평목의 이 말에 조신은 한 번 더 가슴에서 분이 치밀고 눈초리에 불꽃이 튀는 것을 느꼈다. 그러는 순간에 번뜩 조신의 눈앞에는 도끼가 보였다. 나무를 찍고 장작을 패는 도끼다. 기운으로 말하면, 평목이 조신을 당할 리가 없다. 당할 수 없는 것은 오직 평목의 입심과 능글능글함이었다.

도끼는 방 한편 구석에 누워 있었다. 새로 갈아 놓은 날이 등잔불을 받아서 번쩍번쩍 빛났다.

'당장에 평목의 골통을 패어 버릴까?'

하고 조신은 주먹을 불끈 쥐었으나 참았다. 그리고 웃는 낯으로,

"그걸, 아직 어린 걸."

하고 눙쳐 버렸다.

"어리기는 열다섯 살이 어려요?"

평목의 눈이 빛났다.

조신은 한 번 더 동이덩이 같은 것이 치미는 것을 삼켜 버렸다.

"자, 인제 늦었으니 잡시다. 내일 마누라하고도 의논해서 좋도록 하십시다."

조신은 이렇게 말하고 자리에 누웠다. 평목도 누웠다.

조신은 잠이 들지 아니하였다. 헛코를 골면서 평목이 하는 양을 엿보았다. 평목은 잠이 드는 모양이었다.

평목이 코를 고는 것을 보고야 조신은 마음을 놓았다.

평목이 깊이 잠이 들기를 기다려서 조신은 소리 아니 나게 일어났다.

'암만해도 평목의 입을 막아 놓아야 할 것이다.'

조신은 이렇게 생각하고 구석에 놓인 도끼를 생각하였으나 방과 몸에 피가 묻어서 형적이 남을 것을 생각하고는 목을 매어 죽이기로 하였다.

조신은 손에 맞는 끈을 생각하다가 허리띠를 끌렀다.

평목이 꿈을 꾸는지 무슨 소리를 지절거리며 돌아누웠다.

조신은 죽은 듯이 가만히 있었다. 그러나 평목이 움직이는 것을 보고는 죽이는 것이 무서워졌다.

'사람을 죽이다니.'

하고 조신은 진저리를 쳤다.

그렇지마는 평목을 살려 두고는 조신 제 몸이 온전할 수가 없었다. 평목에게 딸을 주기는 싫었다. 딸 거울보고는 아비는 아니 닮고 어미를

닮아서 어여뻤다. 그러한 딸을 능구렁이 같은 평목에게 준다는 것은 차마 못할 일이었다.

그뿐 아니다. 설사 딸을 평목에게 주더라도 그것만으로 평목이 가만 있을 것 같지 아니하였다. 필시 재물도 달라고 할 것이다. 딸을 주고 재물을 주면 조신의 복락은 다 깨어져 버리고 말 것이다.

'아무리 하여서라도 평목은 없이해 버려야 한다.'

조신은 오래 두고 망설이던 끝에 마침내 평목의 가슴을 타고 허리띠 끈으로 평목의 목을 졸랐다. 평목은 두어 번 소리를 치고 팔다리를 버둥거렸으나 마침내 조신을 당하지 못하고 말았다.

조신은 전신에서 땀이 흘렀다. 이빨이 떡떡 마주치고 팔다리는 허둥허둥하였다.

조신은 먼저 문을 열고 밖에 나가 보았다. 지새는 달이 있었다. 고요하다.

조신은 다시 방으로 들어와서 평목을 안아 들었다. 평목의 팔다리가 축축 늘어지는 것이 무서웠다.

조신은 나무 그늘을 골라 가면서 평목의 시체를 안고 뒷산으로 올랐다. 풀잎 소리며 또 무엇인지 모르는 소리가 들릴 적마다 조신은 전신이 굳어지는 듯하여서 소름이 쭉쭉 끼쳤다.

조신은 평소에 보아 두었던 굴 속에 시체를 집어넣고는 뒤도 아니 돌아보고 집으로 내려왔다. 내일이나 모레나 틈을 보아서 묻어 버리리라고 생각하였다.

이튿날 아침에 아내 달례가,

"손님은 어디 가셨어요?"

하고 물을 때에, 조신은,

"새벽에 떠나갔소."

하고 어색한 대답을 하였다.

사람을 죽인다는 큰 죄를 저지른 사람의 마음이 편안할 리가 없었고, 마음이 편안치 아니하면 그것이 얼굴과 언어 동작에 아니 나타날 수가 없었다.

조신은 밤에도 깜짝깜짝 놀라고 식욕도 줄었다. 늘 근심을 하고 있었다. 동구에 사람의 그림자만 너푼하여도 조신은 가슴이 덜컥 내려앉았다.

이 모양으로 삼사 일이 지난 뒤에야 조신은 비로소 평목의 시체를 묻어 버리리라 하고 땅을 팔 제구를 가지고 밤에 뒷산에 올라갔다. 그러나 무서워서 그 시체를 둔 굴 가까이 갈 수가 없었다. 어두움 속에 평목이가 혀를 빼어 물고 으흐흐흐 하면서 조신에게 덤벼드는 것만 같았다. 그래서 전신에 땀을 쭉 흘리고 집으로 돌아왔다.

그래도 이 시체를 감추어 버리지 아니하면 필경 발각이 날 것이요, 발각이 나면 조신은 살인죄를 지고 말 것이다. 그래서 조신은 기운을 내어서 또 밤에 산으로 갔다. 그러나 이 날은 전날보다도 더욱 무서웠다. 다리가 떨려서 옮겨 놓기가 어려웠다. 어두움 속에서는 또 평목이가 혀를 빼어 물고 두 팔을 기운 없이 흔들면서 조신을 향하여 오는 것 같았다. 조신은 겁길에 어떻게 온지 모르게 집으로 달려왔다. 전신에는 땀이 쭉 흘렀다.

"어디를 밤이면 갔다오시오?"

아내는 이렇게 물었다.

조신은 무엇이라고 대답할 바를 몰라서,

"삼 캐러."

하였다.

"밤에 무슨 삼을 캐오?"

아내는 수상하게 물었다.

"산신 기도 드리는 거야."

조신은 이러한 대답을 하였다.

산신 기도란 말을 하고 보니 또 새로운 걱정이 생겼다. 그것은 시체를 묻지도 아니하고 내버려 두었기 때문에 필시 산신님이 노염을 사서 큰 동티가 나리라 하는 것이었다.

"산신 동티란 참 무서운 것인데."

하고 조신은 몸에 소름이 끼쳤다. 산신님이 노하시면, 적으면 삵, 족제비, 너구리 같은 것이 난동하여서 닭이며, 곡식을 해롭게 하고, 크면 늑대*, 곰, 호랑이, 구렁이 같은 짐승을 내놓아서 사람을 해한다는 것이다.

산신제를 지내자니 사람을 죽인 몸이라 부정을 탈 것이오…….

'어떡허면 좋은가…….'

하고 조신은 잠을 이루지 못하였다.

이러한 생각을 하면 벌써 산신 벌력이 내리는 것만 같았다.

금시에 상멍에(큰 구렁이)가 지붕을 뚫고 내려와서 제 몸을 감을는지도 모른다. 호랑이가 내려와서 사랑하는 아내와 아이들을 물어 죽일는지도 모른다.

조신은 머리가 쭈볏쭈볏함을 느낀다.

그러나 조신은 모처럼 쌓아 놓은 행복을 놓아 버릴 수는 없었다. 아무리 하여서라도 언제까지나 언제까지나 꼭 붙들고 매어달리지 아니하면 아니 된다.

조신은 용선 스님이 주신 가사를 생각하였다. 몸에 가사만 걸치면 천지간에 감히 범접할 귀신이 없다는 것이다. 그러나 부처님이 명하신 계

---

* 늑대 개과에 속하며 개와 비슷하나 더 큼. 잡식성으로 성질이 사나움.

늑대

행을 깨뜨린 더러운 몸에 이 가사를 걸치면 가사가 불길이 되고 바람이 되어서 그 사람을 아비지옥*으로 불어 보낸다는 것이다.

'그 가사 장삼을 집에 두어서 이런 변사가 생기는 것이 아닐까?'

조신은 이렇게 생각하여 보았다.

그렇게 생각하니 검은 장삼과 붉은 가사가 저절로 너풀너풀 허공을 날아올라가는 것 같아서 조신은 몸서리를 쳤다.

너풀너풀 가사 장삼은 조신의 눈앞에 있어서 오르락내리락 한다.

조신은 눈을 떠보았다.

캄캄하다.

어두움 속에는 수없는 가사와 장삼이 너풀거렸다.

그 중에는 평목의 모양도 보이고 용선 스님의 모양도 보였다. 그러나 용선 화상의 모양은 곧 스러졌다.

조신은 정신이 어지러워서 진접할 수가 없었다.

아내와 아이들이 있는 방으로 가고 싶었으나 가위 눌린 사람같이 몸을 움직일 수가 없는 것 같았다.

아내의 얼굴도 무서웁게 나타난 여귀*와 같았다.

아이들의 얼굴도 매서운 귀신과 같았다.

조신은 어찌할 줄을 몰랐다. 눈을 떠도 무섭고 눈을 감아도 무서웠다.

'아아 내가 왜 이럴까. 밤길을 혼자 가도 무서움을 아니 타던 내가 왜 이럴까.'

조신은 정신을 수습하려고 애를 써 보았으나 안 되었다. 모든 것이 다 저를 위협하고 해치려는 원수인 것 같았다.

---

* 아비지옥(阿鼻地獄) 불교에서 말하는 여덟 가지 뜨거운 지옥의 하나. 죽은 후 이 곳에 떨어지면 끊임없이 고통을 받는다고 함.
* 여귀 제사를 받지 못하고 떠도는 귀신. 또는 돌림병을 앓다가 죽은 귀신.

조신은 낙산사 관음상을 마음에 그려 보려 하였다. 그 자비하신 모습을 잠깐만 뵈와도 살아날 것만 같았다. 이러한 경우에 사랑하는 처자로는 아무러한 힘도 없었다. '나무' 하고 '대자대비 관세음보살 마하살'을 부르려 하나 입이 열리지 아니하였다.

전신이 얼어 들어오는 듯하였다.

조신은 아무리 하여서라도 관세음보살상을 뵈오려 하나 나오는 것은 무서운 형상뿐이었다. 눈망울 툭 불거진 사천왕상이 아니면 머리에 뿔 돋힌 염라국 사자의 모양뿐이었다.

가사와 장삼이 어지럽게 너풀거리던 어두움 속에, 눈망울 불거지고 뿔돋힌 귀신들, 머리 풀어 헤치고 입에서 피 흘리는 귀신들이 어지러이 나타나서 조신을 노려보았다.

다음 순간에 조신의 눈앞에는 이글이글 검푸른 불이 타는 불지옥과, 지글지글 사람의 기름이 끓는 큰 가마며, 입을 벌리고 혀를 잡아당기어서 자르는 광경이며, 기름틀에 넣고서 기름을 짜듯이 불의한 남녀를 눌러 짜는 광경이며, 이 모양으로 모든 흉물스러운 광경이 보이고, 나중에는 평목이가 퍼런 혀를 빼어 물고 손에, 제가 목에 매어 죽던 끄나불을 들고 나타나서 조신을 향하여 손을 혀기는 것이 보일 때에 조신은 베개에 두 눈을 비비며 저도 모르게 소리를 질렀다.

조신이 다시 정신을 차렸을 때에는 옆에 아내 달례가 있었다.

"웬일이오?"

달례는 남편이 눈을 뜨는 것을 보고 일어나 앉으며 묻는다. 달례가 두 팔을 들어서 흩어진 머리를 거둘 때에 그 흰 두 팔꿈치와 젖가슴이 어두움 속에서 보이는 것이 조신의 눈에는 금방 꿈 속에서 보던 귀신과 같아서 악 소리를 치면서 벌떡 일어났다.

"아니 왜 그러우?"

달례도 깜짝 놀라는 듯이 앉은걸음으로 뒤로 물러나며 머리 가누던

두 손을 앞으로 내어밀었다.

"아니야."

하고 조신은 맥없이 도로 드러누웠다. 저도 제 행복이 부끄러웠고 아내에게도 숨기고 있는 살인의 비밀이 혹시 이런 것으로 탄로가 되지나 않는가 하여 겁만 났다.

"아니라니?"

하고 달례는 남편의 수상한 행동에 마음이 놓이지 아니하였다.

"요새에 웬일이오? 밤마다 헛소리를 하고……자면서 팔을 내어두르고. 몇 번이나 소스라쳐 놀랐는지 몰라. 참 이상도 하오. 아마 무슨 일이 있나 보아. 나도 꿈자리가 사납고 어디 바로 말을 해 보슈. 그 평목인가 하는 중이 어디 갔소? 왜 식전 새벽에 아침도 안 먹고 간단 말요. 암만해도 수상하더라니. 그이 왔다 간 다음부터 당신의 모양이 수상해요. 어디 바루 말을 해 보아요. 그 중은 어디로 갔소?"

달례가 이렇게 하는 말은 마디마디 회초리가 되어서 조신의 등덜미를 후려갈기는 것 같았다.

"내가 그 녀석 간 곳을 어떻게 알아? 저 갈 데로 갔겠지."

조신은 아무 관심 없는 양을 꾸미노라고 퉁명스럽게 대답하였다. 그러나 그 가슴은 몹시 울렁거렸다.

"아니, 그이를 왜 그 녀석이라고 부르시오? 우리가 도망할 때에 관에 일르지도 아니한 이를?"

달례의 말은 한 걸음 조신의 가슴 속으로 파고들었다.

"우리가 재미있게 사는 것을 보고는 샘도 날 것 아니야?"

조신은 아니할 말을 하였다고 고대 뉘우쳤다.

"아니, 그이가 무어랍디까?"

달례는 무릎걸음으로 조신의 곁으로 다가앉는다.

"아냐, 별일은 없었지마는."

조신은 우물쭈물 이 이야기를 끊고 싶었다.

"아니, 그이가 무에랍디까? 모례 말을 합디까?"

"왜 모례가 있으면 좋겠어? 모례 생각이 나느냐 말야?"

조신은 가장 질투가 나는 듯이 달례 편으로 돌아눕는다.

"왜 그런 말씀을 하슈? 누가 모례를 생각한다우?"

"그럼, 모례 말은 왜 해? 그 원수놈의 말을 왜 입에 담느냐 말야. 모례라는 '모' 자만 들어도 내가 분통이 터지는 줄을 알면서 왜 그런 소리를 하느냐 말야."

조신에게 제일 싫고 무서운 것이 모례의 이름이었다. 만일 누가 하루에 한 번씩만 모례의 이름을 조신의 귀에 불어넣어 준다면 한 달 안에 조신은 말라 죽었을 것이다. 그러나 이 자리에서 모례의 말을 가지고 아내에게 핀잔을 준 것은 모례 때문이라기보다는 죽은 평목의 비밀을 지키자는 계교로서였다. 그러나 한 번 여자의 마음에 일어난 의심은 거짓말로라도 풀기 전에는 결코 잠잠케 할 수는 없었다.

달례는 전에 없이 우락부락한 남편의 태도가 불쾌한 듯이 뽀로통한 소리로,

"모례가 무슨 죄요? 그이가 왜 당신의 원수요? 당신이나 내가 그의 원수면 원수지. 까닭 없는 사람을 미워하면 죄가 안 되오?"

하고 쏘았다.

조신은 벌떡 자리에서 일어나 앉으며,

"무엇이 어째? 모례가 원수가 아니야? 모례놈이 내 눈앞에 번뜻 보이기만 해라. 내가 살려 둘 줄 알고. 단박에 물고를 내고야 말걸."

하고 어두움 속에 희미하게 보이는 아내의 얼굴을 노려본다. 이렇게 억지로라도 성을 내니 무서움이 좀 가라앉는다. 평목의 원혼이 멀리로 달아난 것도 같았다.

그러나 달례는 환장한가 싶은 남편의 태도가 원망스러운 듯, 전보다

더 뽀롱뽀롱하게,

"모례를 죽여요? 당신 손에 죽을 모롄 줄 알았소? 그이는 화랑이오. 칼 잘 쓰고 활 잘 쏘고 하는 그이가 당신 손에 잘 죽겠소. 사람의 일을 아나. 혹시 그이가 여기 올지도 모르지, 만일 모례가 여기 오는 일이 있다면 당신이나 내가 땅바닥에 엎드려서 비는 거야, 죽을 죄로 잘못했으니 살려 줍시사고, 저 미력이랑 달보고랑 어린것을 불쌍히 여겨서 살려 줍시사고, 제발 괴발 비는 거야. 불공한 말 한 마디만 해 보오, 당장에 목이 날아날 테니, 그나 그뿐인가, 암만해도 당신이 평목 시님을 죽……."

할 때에 조신은 달려들어서 달례의 입을 손바닥으로 막아 버렸다.

"함부로 입을 놀려?"

하고 조신은 달례의 몸을 잡아 흔들었다.

달례는 방바닥에 이마를 대고 쓰러지면서,

"과연 그랬구료."

하고 울면서 푸념을 한다.

"그 날 밤에 이상한 소리가 나길래 혹시나 하면서 설마 그런 일이야 하였더니 정말 당신이 그 중을 죽……."

할 때에 조신은 또 달례의 몸을 잡아 흔든다.

"여보, 여보."

하고 조신은 무서워하는 사람 모양으로 숨이 차다. 조신은 달례의 귀에 입을 대고,

"그런 소리 말어, 아이들이 들어, 누가 들어."

하고 덜덜 떨었다.

조신은 제가 사람을 죽였다는 것이 저밖에 다만 한 사람이라도 아는 사람이 있다는 것이 한없이 무서웠다.

조신은 달례의 귀에 뜨거운 김을 불어넣으면서 말을 한다. 그것은 달

례의 분을 풀어서 입을 막자는 것이었다.

　"그놈이……평목이 놈이 우리 둘이 여기 산다는 것을 일러바친다고 위협을 한단 말야. 모례가 칼을 갈아 가지고 아직도 우리들을 찾아댕긴다고. 방방곡곡으로 샅샅이 뒤진다고 그러니까."

하고 조신은 한층 더 소리를 낮추어서,

　"그러니까 그놈이 달보고를 저를 달라는 거야, 그러니 참을 수가 있나."

하고 한숨을 내어쉰다.

　달보고를 달란다는 말에는 달례도 함칫하고 놀라는 빛을 보였다.

　"이 일을 어찌하면 좋소?"

하는 달례의 말은 절망적이었다.

　조신의 집에는 이미 평화는 없었다. 어른들의 얼굴에 매양 근심하는 빛이 있으니 아이들의 얼굴에도 화기가 없었다. 닭, 개, 짐승까지도 풀이 죽고 집까지도 무슨 그늘에 싸인 듯하였다.

　조신은 어찌할까 그 마음을 진정치 못한 채로 찜찜하게 하루 이틀을 보내고 있었다.

　추수도 다 끝나고 높은 산에는 단풍이 들었다. 콩에 배불린 꿩들이 살찐 몸으로 무겁게 날고 있었다. 매 사냥꾼 활 사냥꾼들이 다니기 시작하고, 산촌 집들 옆에는 겨울에 땔 나뭇더미가 탐스럽게 쌓여 있었다. 이제 얼마 아니하여 눈이 와서 덮이면 사람들은 뜨뜻이 불을 지피고 술과 떡에 배를 불리면서 편안하게 재미있는 과동*을 하는 것이다.

　그러나 조신의 마음에는 편안한 것이 없었다. 곳간에 쌓인 나락섬에서는 평목의 팔이 쑥 나오는 것 같고, 나뭇더미에서도 평목의 큰 입이 혀를 빼어 물고 내미는 것 같았다. 게다가 모례가 언제 어느 때에 시퍼

---

* 과동(過冬) 겨울을 나는 것. 월동.

런 칼을 빼어 들고 말을 달려 들어올는지도 몰라서 밤 바람에 구르는 낙엽 소리에도 귀가 쫑긋하였다.

'이 자리를 떠서 어디 다른 데로 가서 숨어야 할 터인데.'

조신은 날마다 이런 생각을 하기는 하면서도 어디로 어떻게 갈 것인지 궁리가 나지 아니하였다. 죄를 지은 사람에게는 천지도 좁았다.

추워지기 전에 하루라도 일찍이 떠나야 된다 된다 하면서 머뭇머뭇하는 동안에 첫눈이 내렸다.

조신은 식전에 일어나 만산 평야로 하얗게 눈이 덮인 것을 보고는 가슴이 두근거렸다. 무슨 일이 있어서 도망을 가더라도 눈 위에 발자국이 남을 것이 무서웠다.

이 날 미력이가 아랫동네에 놀러갔다가 돌아와서 조신의 가슴을 놀라게 하는 소식을 전하였다.

그것은 이 고을 원님이 서울서 온 귀한 손님을 위하여 이 골짜기에 사냥을 온다는 것이었다. 이러한 큰 사냥이면 매도 있고 활도 쓰고 또 굴에 불을 때어서 곰이나 너구리*나 여우도 잡는 것이 예사다. 수십 명 일행이 흔히 하루 이틀을 묵으면서 많은 짐승을 잡아 가지고야 돌아가는 것이었다.

그나 그뿐인가, 동네 사람들은 모두 모리꾼으로 나서서 산에 있는 굴은 말할 것도 없고 바위 밑까지도 샅샅이 뒤지는 것이었다. 그리 되면 저 평목의 시신이 필시 드러날 것이요, 그것이 드러난다면 원님이 반드시 이 일을 그냥 두지 아니하고 범인을 찾을 것이다.

'그것을 묻어 버릴 것을.'

하고 조신은 뉘우쳤다. 묻어야 묻어야 하면서도 무서워서 못한 지가 벌써 한 달이나 되었다. 비록 선선한 가을 일기라 하더라도 한 달이나 묵

---

* 너구리 개과의 한 종. 낮에는 굴 속에서 잠을 자고 밤에 활동한다.

은 송장이 온전할 리가 없었다. 필시 썩어서 는적는적 손을 댈 수 없이 되었거나 혹은 여우가 뜯어 먹어 더욱 보기 흉하게 되었을 것이다. 이런 생각으로 조신은 평목의 시체 처치를 못한 채 오늘날에 이르렀다.

조신은 앞이 캄캄해짐을 느꼈다. 아내와 아이들이 제 얼굴을 물끄러미 바라보고 있는 양이 아마 낯색이 변한 것이라고 짐작하고 짐짓 태연한 모양을 한다는 것이 이런 소리가 되어 나왔다.

"망할 녀석들! 사냥은 무슨 주릴할 사냥을 나와. 짐승 죽이는 것은 살생이 아닌가. 지옥에를 갈 녀석들!"

이 말에 달례는 눈을 크게 뜨고 조신을 바라보았다. 사람을 죽인 사람이 어떻게 저런 소리를 하나 하는 것 같았다.

조신도 아니할 소리를 하였다 하고 가슴이 섬뜨레하였다. 저도 그런 소리를 하려는 생각이 없이 어찌된 일인지 그런 소리가 나온 것이었다. 무슨 신의 힘이 저로 하여금 그런 소리를 하게 한 것 같아서 조신은 등골에 얼음물을 퍼붓는 듯함을 느꼈다.

그러나 이제 평목의 시체를 처치할 수는 없었다. 우선 눈이 오지 아니하였나. 발자국을 어찌하나. 오늘 볕이 나서 눈만 다 녹인다면 밤에 아무런 일이 있더라도 평목의 시신을 묻어 버리리라고 마음에 작정하였다.

그러나 물 길러 나갔던 달보고는 또 하나 이상한 소식을 전하였다.

"내가 물을 긷고 있는데, 웬 사람이 말을 타고 오겠지……자줏빛 긴 옷을 입고. 이렇게 이렇게 이상하게 생긴 갓을 쓰고. 그리고 아주 잘생긴 사람야. 이렇게 이렇게 수염이 나고. 그 사람이 우물 옆으로 지나가더니 몇 걸음 가서 되돌아서 오더니, 말에서 내리더니 나를 한참이나 물끄러미 보더니 아가 나 물 좀 다우 그래요. 그래서 바가지로 물을 떠 주니까 두어 모금 마시고는 너의 집이 어디냐 그러겠지. 그래……."

하고 달보고의 말이 끝나기도 전에 조신은 눈이 둥그레지며,

"그래 우리 집을 가르쳐 주었니?"

하고 숨결이 커진다.

달보고는 아버지의 수상한 서슬에 놀란 듯이 입을 다문 채로 고개를 두어 번 까닥까닥한다.

"그래, 그 사람이 젊은 사람이든?"

이번에는 달례가 묻는다.

"나이를 잘 모르겠어. 수염을 보면 나이가 많은 것도 같은데 얼굴을 보면 아주 젊은 사람 같아요."

달보고는 그 붉은 옷 입은 사람을 이렇게 그렸다. 그리고는 부끄러운 듯이 왼편 손을 펴서 파르스름한 옥고리 하나를 내어 놓으며 수줍은 듯이 이렇게 설명하였다.

"그 사람이 물을 받아 먹고 돌아설 때에 웬일인지 띠에 달렸던 이 옥고리가 땅에 떨어지겠지. 그러니깐 그 사람이 깜짝 놀라서, 꺼꿈어 이것을 줍더니, 잠깐 무엇을 생각하더니, 아따 물값이다, 하고 나를 주어요."

"왜 남의 사내헌테서 그런 것을 받아, 커다란 계집애가?"

하고 달례가 달보고를 노려본다.

"싫다고 해도 자꾸만 주는걸. 땅에 떨어지는 것을 보니 이것은 분명히 네 것이라고 그러면서."

하고 달보고는 아주 어색하게 변명을 한다. 조신은 까닭 모르게 마음이 설렌다. 도무지 수상하였다. 이런 때에는 억지로라도 성을 내는 것이 마음을 진정하는 길일 것 같았다. 그래서 조신은 커다란 손으로 그 옥고리를 집어서 문 밖으로 홱 내어 던지면서,

"그놈이 어떤 놈인데 이런 것으로 남의 계집애를 후려."

하였다.

옥고리는 공중으로 날아서 뜰앞 바윗돌에 떨어져서 째깍 소리를 내고 서너 조각으로 깨어졌다.

달보고는 손으로 두 눈을 가리우고 방바닥에 엎드려서 울었다.

달례는 눈에 눈물이 어리며,

"울지 마. 엄마가 그보다 더 좋은 옥고리 줄게 울지 마."

하고 일어나서 시렁에 얹었던 상자를 내려 하얀 옥고리 하나를 꺼내어 달보고에게 주었다.

달보고는

"싫여, 싫여."

하고 그것을 받지 아니하였다. 얼마 후에 관인이 와서 조신의 집을 서울 손님의 사처로 정하였으니 제일 좋은 방 하나를 깨끗이 치울 것과 따라오는 하인들이 묵을 방도 하나 치우라는 분부를 전하였다.

조신은 마음에는 찜찜하나 어찌할 도리가 없어서 사랑을 치웠다. 이것은 창을 열면 눈에 덮인 태백산이 바라보이고 강 한 굽이조차 눈에 들어오는 방이었다. 절에서 자라난 조신은 경치를 사랑하였다. 그는 이 방에서 평생을 즐겁게 지내려 하였었다. 그러나 평목이가 이 방에서 죽어나간 뒤로는 이 방은 조신에게는 가장 싫고 무서운 방이 되어서 그 앞으로 지나가기도 머리가 쭈볏거렸다.

조신은 사랑방 문을 열 때에 연해 헛기침을 하고 진언을 염하였다. 문을 열면 그 속에서 평목이가 혀를 빼어 물고 나올 것만 같았다.

그러나 정작 문을 열고 보니 아무것도 없었다. 다만 써늘한 기운이 빈 방 냄새와 함께 훅 내뿜을 뿐이었다.

조신은 방을 떨고 훔쳤다. 깨끗한 돗자리를 깔고 방석을 깔았다. 목침을 찾다가 문득 그것이 평목이가 베었던 것임을 생각하였다.

서울 손님이라는 것이 어떤 귀인인가. 혹시나 내 집에 복이 될 사람이면 좋겠다고 생각하였다.

"설마, 설마."

하고 조신은 중얼거렸다. 설마 모례야 올라고 하는 것이었다. 그러나 그 사람이 달보고를 유심히 보더라는 것, 옥고리를 준 것, 하필 이 집으로 사처를 정한다는 것들을 생각하면 그것이 모례인 것도 같았다.

'만일 그것이 모례면 어찌하나.'

조신은 멍하니 태백산 쪽을 바라보았다. 날은 아직도 흐리고 산에는 거무스름한 안개가 있다.

'모례가 십칠 년 전 일을 아직도 생각하고 있을까. 더구나 귀한 사람이 그것을 오래 두고 생각할라고. 벌써 다른 아내를 얻어서 아들딸 낳고 살 것이다. 설령 아직도 달례를 생각하기로소니 우리 집에 달례가 있는 줄을 알 까닭이 없다. 달보고가 하도 어미를 닮았으니까 혹시 우리 집이 달례의 집인가 의심할까. 모례가 나를 본 일은 없다. 누가 그에게 내 용모 파기를 하였을까. 내 찌그러진 얼굴, 비뚤어진 코……. 그러나 세상에 그렇게 생긴 사람이 나 하나밖에 없으란 법은 없다.'

조신의 생각은 끝이 없다. 그러고도 무엇이 뒷덜미를 내려짚는 듯이 절박한 것 같다.

조신은 무엇을 찾는 듯이 방 안을 휘 둘러보았다.

'앗, 저 바랑*, 저 바랑?'

하고 조신은 크게 눈을 떴다. 벽장 문이 방싯 열리고 그 속에 집어 넣었던 평목의 바랑이 삐죽이 내다보고 있다.

조신의 머리카락은 모두 하늘로 뻗었다. 저것을 처치를 아니하였고나 하고 조신은 발을 구르고 싶었다.

조신은 얼결더결에 벽장 문을 홱 잡아 젖히고 평목의 바랑을 왈칵 낚

＊바랑 길 가는 중이 등에 지는 큰 자루같이 생긴 큰 주머니.

아채었다. 그리고는 구렁이나 손에 잡힌 것같이 손을 떼었다. 바랑은 덜컥 하고 방바닥에 떨어져서 흔들렸다. 척척 이긴 굵은 베로 지은 바랑이다. 평목의 등에 업혀서 산천을 두루 돌고 촌락으로 들락날락하던 바랑이다.

조신은 이윽히 이 말없는 바랑을 물끄러미 보고 있었다. 바랑은 아무 말이 없었으나 그 속에는 많은 말이 들어 있는 것 같았다. 이것이 벽장에서 떨어질 때에 떨거덕한 것은 평목의 밥과 국과 반찬과 물을 먹기에 몇십 년을 쓰던 바리때*요, 버썩 하는 소리를 낸 것은 평목이 어느 절에 들어가면 꺼내어 입던 가사 장삼일 것과 그 밖에 바늘과 실과 칼과 이런 도구가 들어 있을 것은 열어 보지 아니하고라도 조신도 알 수가 있었다. 조신이 낙산사에서 지니고 있던 바랑과 바리때는 어느 누구가 쓰고 있는지 모른다.

그러나 조신의 생각에는 평목의 바랑 속에는 이런 으레 있을 것 외에 무서운 무엇이 나올 것만 같았다. 조신은 바랑을 여는 대신에 그 끈을 더욱 꼭 졸라매었다. 무서운 것이 나오지 못하게 하자는 것이다. 그리고 조신은 그 바랑을 번쩍 들어서 벽장에 들여 쏘았다. 침침한 벽장 속에 바랑은 야릇한 소리를 내고 들어가 굴렀다. 조신의 귀에는 그것이 바랑이 벽에 부딪히는 소리만 같지는 아니하였다. 분명 무슨 이상한 소리가 그 속에 있었다. 그 이상한 소리는 잉하고 귀에 묻어서 떨어지지 아니하였고, 조신의 손과 팔에도 바랑을 집어넣을 때에 무엇이 물컥 하고 뜨뜻미지근하던 것이 배어 있는 것 같았다.

'아아 모두 죄를 무서워하는 내 마음의 조화다. 있기는 무엇이 있어.'

하고 조신은 제 마음을 든든하게 먹으려고 하였다. 그러나 '내 마음'이

---

*바리때 나무로 대접같이 만들어서 안팎에 칠을 한 중들이 사용하는 그릇.

란 것이 내 말을 듣지 아니하였다.

조신이 서울 손님의 사처 방을 다 치우고 나서 지향할 수 없는 마음을 가지고 고민하고 있을 즈음에 조신의 집을 향하고 올라오는 사오 인의 말탄 사람과 수십 명의 사람의 떼를 보았다. 그들 중에는 동네 백성들도 섞여 있었다.

말탄 사람들은 조신의 집 앞에서 말을 내렸다. 관인이 내달아 일변 주인을 찾고 일변 말을 나무에 매었다.

조신은 떨리는 가슴으로 나서서 귀인들 앞에 오른편 무릎을 꿇고 절을 하였다.

"어, 깨끗한 집이로군, 근농가로군!"

코밑에 여덟 팔(八)자 수염이 난 귀인이 조신의 집을 돌아보며 말하였다. 이분이 아마 이 고을 원인가 하고 조신은 생각하였다.

원은 집 모양을 휘 돌아본 뒤에, 고개를 돌려 한 걸음 뒤에 선 귀인을 보면서,

"이번 사냥에 네 집에서 이 손님하고 하루 이틀 묵어 가겠으니 각별히 거행하렷다."

하고 위엄 있게 말하였다.

"예이. 누추한 곳에 귀인이 왕림하시니 황송하오. 벽촌이라 찬수는 없사오나 정성껏 거행하오리다."

하고 조신은 또 한 번 무릎을 꿇었다.

"어디 방을 좀 볼까?"

하는 원의 말에 조신은 황망하게 사랑 문을 열어젖혔다. 원과 손님은 방 안을 휘 둘러보고,

"어, 정갈한 방이로군!"

하고 방 칭찬을 하고는,

"이봐라, 네 그 부담을 방에 들여라."

하여 짐을 들이도록 분부하고 손님을 향하여서,

"아손, 어찌하시려오? 방에 들어가 잠깐 쉬시려오, 그냥 산으로 가시려오?"

하고 의향을 묻는다.

손님은 그 옥으로 깎은 듯한 얼굴에 구슬같이 맑은 눈을 한 번 감았다 뜨면서,

"해도 늦었으나 먼저 사냥을 합시다."

한다.

"그러시지, 다행히 사슴이라도 한 마리 잡으면 저녁 술 안주가 될 것이니까?"

하고 원은 아래턱의 긴 수염을 흔들며 허허 하고 소리를 내어서 웃는다.

귀인들은 소매 넓은 붉은 우틔*를 벗고 좁은 행전을 무릎까지 올려 신고 옆에 오동집에 금으로 아로새긴 칼을 차고 어깨에 활과 전통을 메고, 머리는 자주 박두를 쓰고 나섰다. 관인들은 창을 들고 모리꾼들은 손에 작대를 들고 매받치는 팔목에 매를 받고 산을 향하여서 길을 떠났다. 조신은 산길을 잘 타는 사람이라는 동네 사람의 추천을 받아서 앞잡이를 하라는 영광스러운 분부를 받았다. 사냥개는 없었으나 동네 개들이 제 주인을 따라서 좋아라고 꼬리를 치며 달리고, 미력이를 비롯하여 동네 아이놈들도 몽둥이 하나씩을 들고 무서운 듯이 멀찍이 따라오며 재깔대었다.

사람들이 걸음을 걸을 때마다 눈에 덮인 낙엽들이 부시럭 부시럭, 와싹와싹 소리를 내었다. 까치들이 짖고 솔개, 산새들이 놀란 듯이 우짖고 왔다갔다하였다.

먼저 산제터인 바위 밑에 이르러 제물을 바치고 오늘 사냥에 새와 짐

＊우틔 '옷' 의 강원도 사투리. 강원, 충청, 경기를 비롯하여 이북 지방에서 두루 쓰임.

승을 줍시사고 빈 뒤에 모두 음복하고, 그리고는 사냥이 벌어졌다.

매받치는 등성이 바위 위에 서고 모리꾼들은 잔솔 포기와 나무 포기, 풀 포기를 작대로 치며 '아리, 아리' 하고 꿩과 토끼를 몰아 내고, 개들도 얼른 눈치를 채어서 코를 끌고 꼬리를 치고 어떤 때에 네 굽을 모아 뛰면서 새짐승을 뒤졌다. 놀란 꿩들이 꼑꼑 소리를 지르면서 날고, 토끼도 귀를 빳빳이 뻗고 달렸다. 이러는 동안에 두 귀인은 매받치 옆에서 있었다. 앞잡이인 조신도 그 옆에 모시고 있었다.

얼마 아니 하여서 대여섯 마리 꿩을 잡았다. 아직도 채 죽지 아니한 꿩은 망태 속에서 쌔근쌔근 괴로운 숨을 쉬고 있었다.

또 서울 손님의 화살이 토끼도 한 마리 맞혔다. 목덜미에 살이 꽂힌 채로 한 길이나 높이 껑충 솟아 뛸 때에는 모두 기쁜 고함을 쳤다.

매는 몇 마리 꿩을 움킈더니 더욱 눈은 빛나고 몸에 힘이 올랐다. 그의 주둥이와 가슴패기에는 빨간 피가 묻었다.

"살생."

하고 조신은 속으로 중얼거렸다.

"살생을 아니하오리다."

하고 굳게굳게 시방 제불 전에 맹세한 조신이다. 그러나 제손으로 이미 평목을 죽이지 아니하였느냐. 중을 죽였으니 살생 중에도 가장 죄가 무서운 살생을 하지 아니하였느냐. 그렇지마는 오랫동안 자비의 수행을 한 일이 있는 조신은 목전에 벌어진 살생의 광경을 보고 마음이 자못 불안하였다.

꿩 망태가 두둑하게 된 때에 서울 손님은 원을 보고,

"매 사냥은 그만큼 보았으니, 나는 사슴이나 노루를 찾아보려오. 돼지도 좋고. 모처럼 활을 메고 나왔다가 토끼 한 마리만 잡아 가지고 가서는 직성이 아니 풀릴 것 같소. 그럼 태수는 여기서 더 매 사냥을 하시오. 나는 좀더 깊이 산 속으로 들어가 보랴오."

하고 서 있던 바윗등에서 내려선다. 원은 웃으며,

　"아손 조심하시오. 태백산에는 호랑이도 있고 곰도 있소. 응, 곰은 벌써 숨었겠지마는 표범도 있소. 혼자는 못 가실 것이니, 창군을 몇 데리고 가시오."

하고 건장한 창 든 관인 두 쌍을 불러 준다.

　조신은 또 앞장을 섰다. 조신은 이 산 속에 골짜기 몇, 굴이 몇인 것도 안다. 그는 보약을 구하노라고 지난 몇 해 매일같이 산을 탔다.

　조신은 자신 있게 앞장을 섰다. 오직 조심하는 것은 평목의 시신을 버린 굴 근처로 가지 않겠다는 것이다. 그러나 거기 대하여서는 조신은 안심하였다. 왜 그런고 하면, 평목을 내버린 굴은 동네 가까이어서 사슴이나 기타 큰 짐승 사냥에는 관계가 없기 때문이었다.

　조신은 아무쪼록 평목이 굴에서 멀리 떨어진 방향으로 길을 잡았다.

　골은 더욱 깊어지고 수풀도 갈수록 깊어졌다. 무시무시하게도 고요한 산 속이다. 조신이 앞을 서고 손님이 다음에 걷고 창군들이 그 뒤를 따랐다.

　사람들의 눈은 짐승의 발자국을 하나도 아니 놓치려고 하얀 눈을 보고 있었다. 바싹 소리만 나도 귀를 기울였다.

　눈 위에는 작은 새짐승들의 귀여운 발자국들이 가로 세로 있었다. 그러나 큰 짐승의 발자국은 좀체로 보이지 아니하였다.

　얼마를 헤매며 몇 굴을 뒤지다가 마침내 산비탈 눈 위에 뚜렷뚜렷이 박힌 굵직굵직한 발자국을 발견하였다.

　모두들 숨소리를 죽였다. 사냥에 익숙한 듯이 손님은 가만히 발자국을 들여다보아서 그것이 사슴의 것인 것과 개울을 건너서 등성이로 올라간 발자국인 것을 알아 내고, 이제부터는 조신의 앞잡이는 쓸데없다는 듯이 제가 앞장을 서서 비탈을 올라갔다. 조신과 창군들은 그 뒤를 따랐다.

손님은 등성에 서서 지형을 살펴보고, 창군 두 쌍은 좌우로 갈라서, 한 쌍은 서편 골짜기로, 하나는 동편 골짜기로 내려가라 하고 자기는 조신을 데리고 발자국을 따라서 내려갔다.

발자국은 두 마리의 것이었다. 암수가 앞서거니 뒤서거니 어디로 가 노라고 떠난 것이었다. 활과 칼을 가진 이가 그들을 뒤따르고 있는 것을 생각하면 조신은 제가 그 사슴이가 된 것 같았다. 될 수 있으면 앞서 달려가서 사슴에게 일러 주고 싶었다.

사슴들은 똑바로 가지는 아니하였다. 그들은 제 발자국이 무엇을 의미하는지를 안다. 그들은 가끔 방향을 바꾸기도 하고 어떤 등성이나 골짜기에는 발자국을 어지려 놓기도 하였다. 무척 제 자국을 감추려고 애를 썼으나 땅을 밟지 아니하고는 갈 수 없는 그들이라 아무리 하여도 자국은 남았다. 혹은 바위를 타고 넘고 혹은 아직 얼어붙지 아니한 시냇물을 밟아서 아무쪼록 제 자국을 감추려 한 사슴 자웅의 심사가 가여웠다.

열에 아홉은 이 두 사슴 중에 적어도 한 마리는 목숨의 끝날이 왔다고 조신은 생각하고 한없이 슬펐다.

'인연과 업보!'

하고 조신은 닥쳐오는 운명을 벗어나기 어려움을 마음이 아프도록 절실하게 느꼈다.

다행한 것은, 사슴들의 발자국이 평목의 시신이 누워 있는 굴과는 딴 방향으로 향한 것이다.

조신이 인연을 생각하고 업보를 생각하면서 손님의 뒤를 따르고 있을 때에 문득 손님이 우뚝 걸음을 멈추고 몸을 나무 뒤에 감추었다. 조신도 손님이 하는 대로 하고 손님이 바라보는 방향을 바라보았다.

'있다!'

하고 조신은 속으로 외쳤다.

한 백 보나 떨어져서 싸리 포기들이 흔들리는 속에 사슴 두 마리가 서서 멀리 남쪽을 바라보고 있었다.

'사람이 따르는 것을 눈치채었나?'
하고 조신은 가슴이 울렁거렸다.

손님은 활에 살을 메어 들었다. 그리고 사슴들이 싸리포기 밖으로 나오기를 기다리고 있었다. 사슴들은 고개를 이 쪽으로 돌렸다. 그 위엄 있는 뿔이 머리를 따라서 흔들렸다.

사슴은 분명히 위험을 느낀 모양이었다. 그들은 얼마 높지 아니한 등성이를 타고 넘음으로 이 위험을 피하려고 결심한 모양이었다. 수놈이 먼저 뛰고 암놈이 한 번 더 이 쪽을 바라보고는 남편의 뒤를 따랐다. 조신이 이 모양을 바라보고 있을 때에 퉁 하고 활 시위가 울리며 꿩의 깃을 단 살이 사슴을 따라 나는 것을 보았다.

살은 수사슴의 왼편 뒷다리에 박혔다. 퍽 하고 박히는 소리가 조신의 귀에 들리는 듯하였다.

살을 맞은 사슴은 한번 껑충 네 발을 궁구르고는 무릎을 꿇고 쓰러질 때에 암사슴은 댓 걸음 더 달리다가 돌아서서 목을 길게 빼고 바라보았다. 이 때에 둘째 화살이 날아서 암사슴의 앞가슴에 박혔다. 살 맞은 사슴은 밍 하는 것 같은 한 마디 소리를 지르고는 나는 듯이 ㄱ자로 방향을 꺾어 달려 내려갔다. 수사슴이 벌떡 일어나서 암사슴이 가는 방향으로 달렸다. 몹시 다리를 절었다.

이것이 모두 눈 깜짝할 새다.

손님도 뛰고 조신도 뛰었다. 창군들도 본 모양이어서 좌우로서 군호 외치는 소리가 들렸다.

사슴은 허둥거리는 걸음으로 엎치락뒤치락 눈보라를 날리면서 뛰었으나 얼마 아니하여 암놈은 눈 위에 구르고는 다시 일어나지 못하였다. 상처가 앞가슴이라, 깊은데다가 기운이 약한 것이었다. 그러나 수놈

은 절뚝거리면서도, 고꾸라지면서도 구르면서도 피를 흘리면서도 죽음을 피해 보려고 기운차게 달렸다. 그가 지나간 자리에는 흰 눈 위에 붉은 피가 떨어져 있었다.

죽음에서 도망하려는 사슴은 아직도 적을 피하느라고 여러 번 방향을 바꾸었으나, 차차 걸음이 느려짐을 어찌할 수 없었다. 따르는 사람들은 점점 사슴에게 가까이 갔다. 사슴은 이제는 더 뛸 수 없다는 듯이 땅에 엎드려서 고개를 던졌으나 순식간에 또 일어나서 뛰었다. 비틀비틀하면서도 뛰었다.

사슴은 또 한 번 방향을 바꾸었다. 얼마를 가다가 또 한 번 방향을 바꾸었다. 그는 기운이 진할수록* 오르는 힘은 지세를 따라서 자꾸만 내려갔다. 매 사냥하던 사람들도 인제는 사슴을 따르는 편에 어울렸다.

조신은 무서운 일을 발견하였다. 그것은 사슴이 평목의 굴을 향하고 달리는 것이었다. 조신은 그가 또 한 번 방향을 바꾸기를 바랐으나 모리꾼들 등쌀에 사슴은 평목의 굴로 곧장 몰려갔다.

"그리 가면 안 돼!"

하고 조신은 저도 모르는 결에 소리를 질렀다. 사람들은 조신을 돌아보았으나 그것이 무슨 뜻인지 몰랐다. 조신은 제 소리에 제가 놀랐다.

사슴은 점점 평목의 굴로 가까이 간다. 마치 평목의 굴에서 무슨 줄이 나와서 사슴을 끌어들이는 것같이 조신에게는 보였다. 조신의 등골에는 식은땀이 흘렀다.

"아, 아, 아차!"

하고 조신은 몸을 뒤로 잦히면서 소리를 질렀다. 사슴이 바로 굴 입에까지 다다른 것이었다. 조신의 이 이상한 자세와 소리에 서울 손님이 물끄러미 보았다. 조신은 정신이 아뜩하고 몸이 뒤로 넘어가려는 것을

---

* 진(盡)하다 다하여 없어지다.

가까스로 참았다.

사슴은 평목의 굴 앞에 이르러서 머리를 굴 속으로 넣고 그리고 들어가려는 모양을 보이더니 무엇에 놀랐는지 도로 뒷걸음쳐 나왔다. 조신은,

"살아났다."

하고 몸이 앞으로 굽도록 긴 한숨을 내어쉬었다.

그러나 사슴이 다른 데로 향하려 할 때에는 벌써 모리꾼들이 굴 앞을 에워쌌다. 사슴은 고개를 들어 절망적인 그 순하고 점잖은 눈으로 한 번 사람을 휘 둘러보고는 몸을 돌려 굴 속으로 들어가고 말았다.

"사슴을 두 마리나 잡았다."

하고 사람들은 떠들었다.

"단 두 방에 두 마리를."

하고 사람들은 서울 손님의 재주를 칭찬하고 천신*같이 그를 우러러보았다.

그 중에도 원이 더욱 손님의 솜씨를 칭찬하였다.

원은 창 든 군사에게 명하여 굴 속에 든 사슴을 잡아 내라 하였다.

창든 군사 한 쌍이 창으로 앞을 겨누고 허리를 반쯤 굽히고 굴로 들어갔다.

조신은 얼굴이 해쓱하여서 닥쳐오는 업보에 떨고 있었다. 도망할 수도 없는 형편이었다. '관세음, 관세음' 하고 입 속으로 중얼거렸다. 아들 미력이가 아버지의 수상한 모양을 보고 가만히 그 곁에 가서 조신의 낯빛을 엿보았다.

"엣, 송장이다! 죽은 사람이다!"

하고 외치는 소리가 굴 속에서 나왔다.

돌아선 사람들은 한결같이 놀라서 서로 돌아보았다.

* 천신(天神) 하늘의 신령.

창든 사람들은 굴 속에서 뛰어나왔다. 그들의 얼굴에는 핏기가 없었다.

"사람이요, 사람이 죽어 넘어졌소. 송장 냄새가 코를 받치오!"

그들은 허겁지겁으로 이렇게 말하였다.

"살인이로군."

누구의 입에선가 이런 말이 나왔다. 사슴의 일은 잊어버린 듯하였다.

원은 관인들에 명하여 그 시신을 끌어 내라 하였다.

관인은 둘러선 백성 중에서 네 사람을 지명하여 데리고 횃불을 켜들고 굴로 들어갔다. 그 중에는 조신도 끼여 있었다.

조신은 반이나 정신이 나갔다. 그러나 이런 때에 그런 눈치를 보이는 것이 제게 불리하다고 생각할 정신까지 없지는 아니하였다. 그는 와들와들 떨리는 다리를 억지로 진정하면서 관인의 뒤를 따라 굴로 들어갔다. 굴 속에는 과연 송장 냄새가 있었다. 사슴도 이 냄새에 놀라서 도로 나오려던 것이라고 조신은 생각하였다.

춤추는 횃불 빛에 보이는 것이 둘이 있었다. 하나는 평목의 눈뜬 시체요, 하나는 저편 구석에 빛나는 사슴의 눈이었다.

"들어, 들어."

하고 관인은 호령하였다. 사람들은 송장에 손을 대기가 싫어서 머뭇머뭇하고 있었다.

"두 어깨 밑에 손을 넣어, 두 무릎 밑에 손을 넣어!"

조신은 죽을 용맹을 내어서 평목의 어깨 밑에 손을 넣었다. 그 순간 그가 평목을 타고 앉아 목을 졸라매던 것, 평목이가 픽픽 소리를 내며 팔다리를 버둥거리던 것. —— 혀를 빼어 물고 늘어지던 것, 그것을 두리쳐 메고 굴로 오던 것의 모든 광경이 눈앞에 나타났다.

'평목 스님, 제발 내 죄를 용서하시고 극락 왕생*하시오.'

---

* 극락 왕생(極樂往生) 이 세상을 떠나 죽어서 극락 세계에 다시 태어남.

하고 조신은 수없이 빌었다. 그렇지마는 평목이가 극락에 갈 리도 없고 저를 죽인 자를 원망하는 마음을 풀 리도 없다고 조신은 생각하였다. 세세 생생에 원수 갚기 내기를 할 큰 원업을 맺었다고 조신은 생각하였으나, 그래도 조신은 이런 생각을 누르고 평목에게 빌 길밖에 없었다. 살 맞은 사슴을 이 굴로 인도한 것도 평목의 원혼이었다.

'평목 스님, 잘못했소. 옛정을 생각하여 용서하시오. 원한을 품은 대로는 왕생 극락을 못하실 터이니 용서하시오. 나를 이번에 살려만 주시면 평생에 스님을 위하여 염불하고 그 공덕을 스님께 회양할 터이니, 살려 주오.'

조신은 이렇게 뇌이고 또 뇌었다.

가까스로 평목의 시체가 땅에서 떨어졌다.

조신은 평목의 입김이 푸푸 제 입과 코에 닿는 것 같아서 고개를 돌리고 걸음을 걸었다.

평목의 시체는 굴문 밖에 놓였다. 밝은 데 내다 놓고 보니 과히 썩지도 아니하여서 용모를 분별할 수가 있었다.

"중이로군."

누가 이렇게 말하였다.

"평목 대사다."

서울 손님은 이렇게 소리쳤다.

"우리 집에 왔던 그 손님이야."

미력이는 조신을 보고 이렇게 중얼거렸다.

조신은 입술을 물고 미력이를 노려보았다. 미력이는 고개를 숙이고 아버지 곁에서 물러났다.

원은 한 번 평목의 시체를 다 돌아다보고 나서 서울 손님을 향하여,

"모례 아손은 이 중을 아신단 말씀이오?"

하고 서울 손님을 바라본다.

조신은 '모례' 란 말에 또 한 번 아니 놀랄 수 없었다. 그렇다면 달보고에게 옥고리를 준 것이나 조신의 집에 사처를 정한 것이나 다 알아지는 것 같았다.

모례는 원의 묻는 말에 잠깐 생각하더니,

"그렇소, 이 사람은 평목이라는 세달사 중이오. 내가 십육칠 년 전 명주 낙산사에서 이 중을 알았고, 그 후에도 서울에 오면 내 집을 늘 찾았소."

하고 대답하였다.

원은 의외라는 듯이 모례를 이윽히 보더니,

"그러면 모례 아손은 이 중이 어떻게 죽었는지 무슨 짐작되는 일이 있으시오?"

하고 묻는다.

"노상 짐작이 없지도 아니하오마는 보지 못한 일이니 확실히야 알 수 있소? 대관절 태수는 이 사람이 어떻게 죽은 것으로 보시오? 그것부터 말씀해 보시면 내 짐작과 맞는지 아니 맞는지 알 수가 있을 것이니, 사또의 말씀을 듣고 내 짐작을 말씀하오리다."

하며 조신을 돌아본다.

조신은 애원하는 눈으로 모례를 바라보았다. 죽고 살고가 인제는 모례의 말 한 마디에 달린 것이었다. 모례라는 '모' 자만 들어도 일어나던 질투련마는 지금은,

'모례 아손, 살려 줍시오.'

하고 그 발 앞에 꿇어엎드려 빌 마음밖에 없었다. 조신은 또,

'평목 스님, 내가 잘못했소.'

하고 평목의 시신을 붙들고 빌고도 싶었다. 그러나 아직도 무사히 벗어날 수가 있지나 아니한가 하고 요행을 바라면서 일이 되어 가는 양을 보고 있었다. 그의 아들 미력이는 먼 발치에 서서 아비 조신을 바라보

고 있었다. 아들의 눈이 제 눈과 마주칠 때에 조신은 그것을 피하지 아니할 수 없었다.

원은 모례에게 자기의 소견을 설명하였다.

"내가 보기에는 이 사람이 여기 와서 죽은 것이 아니라 다른 데서 죽어서 여기 온 것 같소. 이 사람이 여기서 자다가 죽었을 양이면 옆에 행구가 있을 텐데 그것이 없소. 바랑이나 갓이나 신발이나 지팡이나 이런 것이 없는 것을 보면 이 사람이 이 굴 속에서 자다가 죽은 것이 아니라 다른 데서 죽어 가지고 이리로 온 것이 분명하오. 또 혀를 빼어문 것을 보면 목을 매어 죽은 모양인데, 목에는 이렇게 바 오라기로 졸라매었던 형적이 있지마는 여기는 바 오라기도 없고 매어달릴 데도 없으니 무엇으로 보든지 여기서 아니 죽은 것만은 분명하오."

원의 설명을 듣고 있던 모례는 때때로 옳은 말이라는 듯이 고개를 끄덕끄덕하면서 듣고 있다. 말을 끝내인 태수는 꽨 듯한 낯빛으로 모례를 본다. 모례는 또 한 번 끄덕 하고,

"옳은 말씀이오. 내가 보기에도 그러하오. 그러면 사또는 이 사람을 해한 사람이 누구인지 짐작하시오?"

하고 원에게 묻는다. 원은 대답하되,

"그 말씀이오. 이 사람이 죽기는 이 동네에서라고 생각하오. 여기서 멀지도 아니한 집이 있고 또 굴이 여기 있는 줄을 잘 알고, 또 세달사나 낙산사에 관계가 있는 사람인가 하오. 지나가는 중을 재물을 탐하는 적심으로 죽였다고 볼 수 없으니 필시 무슨 사혐인가 하오. 이런 생각으로 알아보면 진범이 알아질 것도 같소마는 아손 말씀이 죽은 사람은 아신다 하니 이제는 아손이 보시는 바를 일러 주시오."

라고 한다.

"과연 사또는 명관이시오. 절절이 다 이치에 꼭 맞는 말씀이오. 나도 사또 생각과 같은 생각이오. 평목으로 말하면 분명히 사혐으로 죽었

다고 보오. 평목을 죽인 자가 누구냐 하는 데 대하여서도 나로서는 짐작하는 바가 있소마는, 일이 일이라 경경히 누구를 지목하여 말하기 어렵소. 이치에 꼭 그럴 것 같으면서 실상은 그렇지 아니한 일도 간간 있으니까요. 그러니까 사또는 우선 죽은 사람의 행구와 이 사람이 이 동네에 들어오는 것을 본 사람을 알아보시오. 그래서 상당한 증거만 나서면 그 남저지 평목이나 평목을 해한 사람에 대한 말씀은 그 때에 내가 자세히 사또께 아뢰리다."

하는 모례의 말을 가만히 듣고 있던 태수는 고개를 크게 끄덕이면서,

"아손 말씀이 지당하오."

셋째권

조신은 다 죽은 상이 되어서 집에 돌아왔다. 그는 굴 앞에서 당장 죄상이 발각되어서 결박을 짓는 줄만 알고 마음을 졸이고 있었으나 모례의 의견으로 그 자리만은 면하였다. 그러나 모례의 말투가 조신인지를 아는 것도 같았다. 조신이 돌아오는 것을 본 달례는 걱정스러운 듯이 조신의 눈치를 엿보았다. 그 해쓱한 낯빛, 퀭한 눈, 허둥허둥하는 몸가짐, 모두 심상하지 아니하였다.

"왜, 어디가 아프시오?"

달례는 조신이 방에 들어오는데 문을 비켜 주며 물었다.

달보고는 바느질감을 놓고 아비를 바라보았다. 미력은 시무룩하고 마당에 서 있어서 방에 들어오려고도 아니하였다.

"미력아, 들어오려무나. 발이 젖었으니 버선 갈아 신어라."

하고 달례는 아들을 불러들였다.

"모례야 모례."

조신은 힘없이 펄썩 주저앉으며 뉘게 하는 소린지 모르게 한 마디 툭 쏘았다.

"응, 무어요?"

달례는 몸이 굳어지는 모양을 보였다.

"모레라니까. 그 사람이, 달보고헌테 옥고리 준 사람이 모레란 말야. 세상일이 이렇게도 공교하게 되는 법도 있나. 꼼짝달싹 못하고 인제는 죽었어, 죽었어. 아아."

하고 옆에 아이들이 있는 것도 상관 아니하고 이런 소리를 하고는 고개를 푹 수그린다.

"모레가 무에요, 어머니?"

달보고가 묻는다.

미력이가,

"어머니, 굴 속에서 송장이 나왔는데 그것이 평목이래. 우리 집에 접때에 와 자던 그 대사야."

하고 어른스럽게 근심 있는 낯색을 짓는다.

"응, 굴 속에 송장, 평목 대사?"

"어머니 몰르슈? 모레 아손이라는 이의 화살에 맞은 사슴이가 하필 그 굴로 도망을 가서 사람들이 사슴을 잡으러 들어가 보니까 평목 대사의 송장이 나왔거든. 그래서 누가 이 사람을 죽였나, 죽인 사람을 찾는다고 모조리 여러 집을 뒤진데요, 필시 대사의 행구가 나올 것이라고."

미력이는 이 말을 하면서도 때때로 조신을 힐끗힐끗 바라본다.

"아니 여보슈, 그게 정말이오? 그게 정말 평목 대사의 시신이오?"

달례가 조신에게 묻는다. 이런 말들이 모두 조신의 죄를 나투는* 것

---

* 나투다 드러내다. 나타내다.

같았다.

"그렇다니까. 그러니 어짜란 말야?"

하고 조신은 짜증을 낸다.

"아니, 그이가, 그 시님이 어디서 누구헌테 죽었단 말요?"

하고 묻는 달례의 가슴이 들먹거린다.

"내가 어떻게 알아? 어떤 도적놈헌테 맞아 죽었는지 내가 어떻게 아느냐 말야? 달보고야, 내, 냉수."

조신은 입이 마르고 썼다.

"아니 그이가 새벽에 떠났다고 아니하셨소? 설마, 설마 당신이……."

하고 달례는 말을 아물리지 못한다.

조신은 냉수를 벌꺽벌꺽 마시고 나서,

"입 닫혀, 웬 방정맞은 소리야?"

물그릇을 동댕이치듯이 내어던진다.

"평목이 죽은 것이 문제야? 모례가 나타난 것이 일이지. 평목이야 어떤 놈이 죽였는지 모르지만 죽인 놈이 있겠지. 어디 도적질을 갔다가 얻어맞아 죽었는지, 남의 유부녀 방에 들었다가 박살을 당했는지 내가 알 게 무엇이람. 그놈이 하필 왜 여기 와서 뒈어져. 그 경을 칠 여우는 왜 그놈의 상판대기 뱃대기를 파먹지는 않았어."

가만히 내버려 두면 조신은 언제까지라도 지절댈 것 같다.

"아이 어떡허면 좋아, 이 일을 어떡허면 좋소."

하고 달례가 조신의 말을 중동을 잘라 버렸다.

"어머니, 모례가 무에요?"

달보고가 애를 썼다.

미력이가 달보고의 귀에 입을 대고,

"모례가 사랑에 든 서울 손님야. 수염 긴 양반은 원님이고 수염 조금 나고 얼굴이 옥같이 하얀 양반이 모례야."

하고 설명해 준다.

달례는 음식을 차리러 부엌에 내려갔다. 꿩을 뜯고 사슴의 고기를 저미고, 달례는 바빴다. 달보고는 부지런히 물을 길어들였다. 조신은 술과 주안상을 들고 사랑으로 들락날락하였다. 나중에는 어찌되든지 당장 할 일은 해야 하겠고, 또 태연 자약한 빛을 보이는 것이 죄를 벗어날 길이라고도 생각하였다.

"호, 꿩을 잘 구웠는걸. 사슴의 고기도 잘 만지고. 아손, 이런 산촌 음식으로는 어지간하지 않소? 이것도 좀 들어 보시오."

원은 벌써 얼근하게 주기를 띠고 이런 말을 하였다.

그러나 모례는 아무리 술을 마셔도 취하지 않는 모양이요, 말도 많이 하지 아니하였다. 조신은 이 좌석에서 하는 말을 한 마디도 아니 놓치려고 그런 눈치 아니 채일만큼 귀를 기울였다.

"엇네, 주인도 한 잔 먹소."

원은 더욱 흥이 나는 모양이었다.

"이봐라, 네 이 큰 잔에 한 잔 그득히 부어서 주인 주어라."

통인이 큰 잔에 술을 부어서 조신을 주었다.

"황송하오."

하고 조신은 술을 받아 외면하고 마시고는 물러나올 때에 아전이 달려와서,

"사또 안전에 형방 아전 아뢰오."

하고 문 밖에서 허리를 굽혔다.

통인이 문을 열었다.

원은 들었던 잔을 상에 내려놓고, 문으로 고개를 돌리며,

"오냐, 알아보았느냐?"

하고 수염을 쓸었다.

"예이, 이 동네 안에 있는 집은 모조리 적간하였사오나 송낙이나 바

랑이나 굴갓* 같은 중의 행구는 형적도 없사옵고, 동네 백성들 말이 지금부터 한 달 전에 어떤 중이 이리로 들어오는 것을 보았다 하옵는데, 굴갓을 썼더라는 사람도 있고 송낙을 썼더라는 사람도 있으나 바랑을 지고 지팡이를 짚었더란 말은 한결같사옵고, 아무도 그 중이 동네 밖으로 나가는 것은 못 보았다 하오."

아전이 아뢰는 말을 가만히 듣고 있던 원은, 안으로 통하는 문 안에 아직 나가지 않고 서 있는 조신을 힐끗 보며,

"주인, 자네는 그런 중을 못 보았는가? 한 달쯤 전에."

하고 고개를 아전 쪽으로 돌려,

"한 달쯤 전이랬것다?"

"예이, 한 달쯤 전이라 하오. 어떤 백성의 말이 길갓밭 늦은 콩을 걷다가 그런 중이 이 골짜기로 향하고 올라오는 것을 보았다 하오, 다 저녁때에."

하고 아전이 조신을 한 번 힐끗 본다.

원은 몸을 좌우로 흔들고 고개를 끄덕끄덕하더니,

"이 골짜기로?"

하고 다시 묻는다.

"예이, 바로 이 골짜기로."

하고 또 한 번 조신을 본다.

"이 골짜기로 다 저녁때에."

하고 원은 혼자말로 중얼거리더니 조신에게,

"주인, 자네는 혹시 그런 중을 못 보았나? 바랑을 지고 지팡이를 짚고 다 저녁때에 이 골짝으로 올라오는 중을 못 보았나?"

하고 물끄러미 바라본다.

---

* 굴갓 벼슬을 지닌 중이 쓰던 댓개비로 만든 갓. 뒤가 둥글게 되어 있음.

조신은 오른 무릎을 꿇어 절하며,

"소, 소인은 한 달 전은커녕, 금년 철 잡아서는 중이 이 골짜기에 들어오는 것을 보지 못하였소."

하고 힘있게 말하였다.

"금년 철 잡아서는 중을 하나도 못 보았다?"

원은 조신을 노려보았다.

"예이, 금년 철 잡아서라는 것은 과한 말이오나 한 달 전에는 중을 보지 못하였소."

원은 다시 묻지 아니하고, 아전을 향하여, 모든 의심이 다 풀린 듯한 어조로,

"오. 알았다. 물러가거라. 오늘은 더 일이 없으니 물러가서 다들 쉬렷다. 술을 먹되 과도히 먹지 말고 아무 때에 불러도 거행하도록 대령하렷다. 군노 사령 잘 단속하여 촌민에게 행패 없도록 네 엄칙하렷다."

원은 먹은 술이 다 깬 듯이 서슬이 푸르다.

"소인 물러나오."

하고 아전은 한 번 굽신하고 가 버렸다.

"문 닫아라. 아손, 이제 아무 공사도 없으니 마음놓고 먹읍시다. 이봐라 술 더 올려라."

하고 원은 도로 흥을 내었다.

조신은 데운 술을 가지러 병을 들고 안문으로 나갔다. 조신은 등에 이마에 땀이 쭉 흘렀다.

밤도 깊어서 모두 잠이 들었다. 깨어 있는 것은 조신뿐인 것 같았다. 기실 조신은 모든 사람이 다 잠들기를 기다린 것이었다. 조신은 할 일이 있었으니, 그것은 사랑 벽장에 있는 평목의 행구를 치우는 것이었

다.평목의 시체를 묻지 아니한 것보다 못지않게, 그의 행구를 처치해 버리지 아니한 것을 조신은 후회하였다.

조신은 이 행구를 치울 것을 잊어버린 것은 아니었다. 다만 무서워서 손을 대기가 싫어서였다. 그러나 이 행구는 평목을 죽인 살인에 대하여는 꼼짝할 수 없는 증거였다.

왜 그런고 하면, 그 바랑 속에는 평목의 이름을 쓴 도첩*이 있을 것이요, 또 아마 그의 바리때 밑에도 이름이 새겨 있을 것이다. 이것이 드러난 담에야 다시 무슨 변명이 있으랴. 이것을 생각하면 조신은 전신이 얼어 들어가는 것 같았다.

조신은 식구들이 다 잠들기를 기다렸으나, 달례가 좀체로 잠이 아니 드는 모양이었다. 조신은 달례에게 대하여서도 장차 제가 시작하려는 일을 알리고 싶지 아니하였다. 죄를 진 자가 제 죄를 감추려는 모든 일은 제 그림자보고도 말하고 싶지 아니한 것뿐이었다.

마침내 달례가 정말인지 부러인지 모르나 가볍게 코를 고는 소리가 들렸다. 조신은 가만히 일어나서 밖에 나갔다. 흐렸던 하늘은 활짝 개이고 시월 하순 달이 불붙는 쇠뿔 모양으로 떠올라와서 푸르스름한 빛을 내고 있는 것이 귀신 사는 세상에나 볼 것같이 무시무시하였다.

조신은 호미와 낫을 들고 사랑 벽장 붙은 쪽으로 발끝 걸음으로 가만가만 걸어갔다. 다들 사냥에 지치고 술이 취하였으니, 아무도 볼 사람이 없으리라고 안심은 하나 달빛이 싫었다. 조신은 아무쪼록 처마 그늘에 몸을 감추면서 호미 끝으로 벽장 바깥벽을 따짝따짝 긁어 보았다. 의외에 소리가 컸다. 조신은 쥐가 긁는 소리와 같이 방 안에서 자는 사람의 귀에 들리도록 가락을 맞추어서 긁었다.

마른 벽은 굳기가 돌과 같아서 여간 쥐가 긁는 소리로는 구멍이 뚫어

---

* 도첩(度牒) 중이 된 사람에게 나라에서 주던 증명서.

질 것 같지 아니하였다.

'이렇게 언제 그놈의 바랑을 끌어 내일 만한 구멍을 뚫는담.'

하고 조신은 뒤를 휘둘러보며 한숨을 쉬었다.

'그래도 뚫어야 한다. 뚫고 그놈의 바랑을 꺼내야 한다. 그 밖에는 살
아날 길이 없다.'

조신은 또 호미 끝으로 혹은 낫 끝으로 콕콕 찔러도 보고 박박 긁어도
보았다. 그리고는 얼마나 흙이 떨어졌나 하고 손으로 쓸어도 보았다. 그
러나 아직 윗가지가 조금 드러났을 뿐이요, 그것도 손바닥만한 넓이
밖에 못 되었다.

이 모양으로 조신이 정신 없이 긁고 있을 때에 방에서, 한 소리가,

"이게 무슨 소린가?"

하자, 또 한 소리가,

"쥔가 보오. 벽장에 쥐가 들었나 보오."

하고 주고받는다. 귀인이라 잠귀가 밝다 하고 조신은 벽에서 떨어져서
두어 걸음 달아나서 숨어서 귀를 기울였다.

"거 꿈 수상하오."

하고 또 소리가 들린다. 그것은 원의 음성이었다.

"무슨 꿈이오?"

하는 것은 모례의 소리였다.

"비몽 사몽인데 저 벽장문이 방싯 열리며, 웬 중의 머리가 쑥 나온단
말요. 그러자 쥐 소리에 잠이 깼는걸."

이것은 원의 소리다.

다음에는 모례의 소리로,

"낮에 본 것이 꿈이 된 게지오."

그리고는 잠잠하다. 조신은 두 사람이 코고는 소리가 나기를 기다렸
으나 아무 소리도 없었다.

조신은 원의 꿈이 마음에 찔렸다. 평목이가 원의 꿈에 나타나서 전후 시말을 다 말을 하면 어찌하나 하고 고개를 숙였다.

평목이 혼이 원의 꿈에 들어오는 것을 막을 길이 없어도 벽장에 든 평목의 행구는 집어치워야만 한다. 조신은 또 낫 끝으로 외가지를 따짝따짝해 보았다. 그러고는 귀를 기울였다. 조신은 조금 더 힘을 주어서 호미로 흙을 긁었다. 그러다가 지그시 흙을 잡아당기었다. 쩍 하면서 흙 한 덩어리가 떨어진다. 흙덩어리는 손을 피하여서 털석하는 소리를 내고 땅에 떨어져서 부서졌다. 고요한 밤이라 조신의 귀에는 그것이 벼락치는 소리와 같았다. 조신은 큰일을 저지른 아이 모양으로 두 손을 허공에 들고 어깨를 웅숭그렸다.

"이봐라."

하고 호령하는 소리가 들렸다. 원의 소리다.

"이봐라 네, 이 벽장 열어 보아라. 쥐가 들었단 말이냐. 사람이 들었 단 말이냐."

이것은 원이 윗방에서 자는 통인을 부르는 소리였다.

'아이구, 이제는 죽었고나!'

하고 조신은 호미를 버리고 방으로 뛰어들어갔다. 혹시 발각이 되더라도 도적이 와서 벽을 뚫다가 달아난 것으로 보였으면 하는 한 줄기 희망도 있었지마는, 그것은 그렇다고 하고라도 평목의 바랑이 드러났으니 꼼짝할 수가 없다.

조신은 달례를 흔들었다. 달례가 벌떡 일어났다.

"나는 달아나오."

조신은 떨리는 소리로 말하였다.

"네, 어디로?"

달례는 조신의 소매에 매어달렸다.

조신은 떨리는 손으로 달례의 머리를 만지면서,

"내가 평목이를 죽였어. 평목이를 죽인 게 나야. 그런데 그것이 탄로가 났어. 원이 알았어. 이제 꼼짝달싹할 수 없이 되었으니, 나는 달아나는 대로 달아나겠소. 당신은 모레 아손께 빌어 보오. 살인이야 내가 했지 당신이야 상관 있소? 집과 재물은 다 빼앗기겠지만 당신이나 아이들이야 설마 죽일라구, 자, 놓으시오. 어서 나는 달아나야 해."

하고 한 손으로 달례가 잡은 소매를 낚아채고 한 손으로 달례의 머리를 떠밀어서 몸을 빼치려고 한다. 그래도 달례는 놓지는 아니하고 더욱 조신의 소매를 감아 쥐며,

"당신이 달아나면 다 같이 달아납시다. 살인한 놈의 처자가 어떻게 이 동네에 붙어 있겠소. 우리 다섯 식구 가는 대로 가다가 살게 되면 살고, 죽게 되면 같이 죽읍시다."

하고 조금도 허둥허둥하는 빛도 없이 아이들을 일으킨다.

조신의 집 식구들은 얼마나 빨리 걸었는지 작은 두텁고개를 넘어 큰 두텁고개 수풀 길에 다다랐을 때에는 아이 어른 할 것 없이 모두 땀에 떠 있었다.

"아버지, 좀 쉬어 갑시다."

하는 미력의 목소리는 가늘었다. 조신은 우뚝 서서 뒤를 돌아보았다. 미력이는 눈 위에 기운 없이 주저앉았다.

"아버지, 나는 더 못 가겠어요."

하고 미력이는 고만 쓰러지고 말았다.

"웬일이냐. 어디가 아프냐?"

하고 달례가 미력의 머리를 만져 보았다.

"아이구, 이를 어쩌나. 이애 몸이 불이로구려."

조신은 업은 아이를 내려놓았다. 미력의 몸은 과연 불같이 달았다.

"미력아, 미력아."

하고 조신과 달례가 아무리 불러도 미력은 숨소리만 짧게 씨근거리고 말을 못하였다. 조신은 굴 앞에 놓인 평목의 시체를 생각하였다. 미력이 가 앓는 것은 평목의 장난인 것 같아서 일변 무섭고 일변 원망스럽다.

바람은 없었으나 새벽은 추웠다. 조신은 미력을 무릎 위에 안았다. 열일곱 살이나 먹은 사내는 안기도 아름이 버으렀다. 어린것들은 옹기종기 모여앉아서 떨고 있었다. 이러다가 여섯 식구가 몽탕* 얼어죽을 길밖에 없었다. 인가를 찾아가자니 집으로 되돌아가지 아니하면, 큰 두텁고개 이십 리를 넘어야 하였다. 게다가 뒤에는 조신을 잡으려고 따르는 나졸이 있는지도 모른다. 조신은 절망적인 마음으로 우러러보았다. 갈구리 같은 달은 높이 하늘에 걸리고 샛별도 주먹같이 떠올랐다.

이 망망한 법계에 몸을 담을 곳이 없는 몸인 것을 조신은 가슴아프게 느꼈다. 이 모양으로 얼마나 지났는지 모르나 조신은 벌써 숨이 끊어진 미력을 그런 줄도 모르고 안고 있었다. 달례가 미력의 몸을 만져 본 때에야 비로소 그가 식은 몸인 것을 알았다.

"미력아, 미력아."

하고 두어 번 불러 보았으나 눈물도 나오지 아니하였다.

조신은 미력의 눈을 손으로 쓸어 감기며,

"미력아, 네야 무슨 죄 있느냐. 부디 왕생 극락하여라. 나무아미타불, 나무아미타불."

하고 염불을 하면서 그 시체를 안고 일어나서 허둥지둥 묻을 곳을 찾았다.

땅을 팔 수도 없거니와, 팔 새도 없었다. 조신은 여기가 좋을까, 저기가 좋을까 하고 나무 그늘로 이리저리 헤매었다. 볕이나 잘 들 데, 물에 씻기지나 아니할 데, 이다음에 와서 찾을 수 있는 데……. 이러한 곳을

---

* 몽탕 전부.

찾노라고 이리저리 헤매었다. 조신은 무섭고 미운 생각으로 평목의 시체를 안고 가던 한 달 전 일을 생각하였다. 이제 그는 슬픔과 아까움과 무서움을 품고 아들의 시체를 안고 헤매는 것이다. 조신은 두드러진 바위 밑 늙은 소나무 그늘에 미력을 내려놓았다. 그러고는 혹시나 살아 있지나 아니한가 하고 미력의 가슴에 귀를 대어 보았으나 잠잠하였다.

'정말 죽었고나.'

하고 조신은 벌떡 일어났다. 조신은 미력의 손발을 모았다. 아직도 굳어지지 아니하여 나긋나긋하였다. 생명이 다시 돌아올 것만 같았다.

조신은 미력의 시체를 눈으로 파묻었다. 아무리 두 손으로 눈을 처덮어도 미력의 검은 머리가 덮이지 아니하였다. 미력이가 몸을 흔들어서 눈이 흘러내리는 것 같았다. 마침내 검은 머리도 감추었다. 인제는 달빛에 비추인 눈더미뿐이었다. 조신은 오래간만에 합장을 하였다. 뜨거운 눈물이 쏟아짐을 걷잡을 수가 없었다. 어디서 캥캥 하고 여우 우는 소리가 들렸다. 조신는 돌아서서 처자들이 있는 곳으로 내려왔다.

달례와 세 아이들은 한데 뭉쳐서 올올 떨고 있었다. 속은 비이고 몸은 얼어 들어왔다. 어제 사냥하노라고 산으로 달리고 밤을 걱정과 슬픔으로 새운 조신은 사내면서도 정신이 반은 나간 것 같았다.

"자, 다들 일어나서 가자. 산 사람은 살아야지. 걸음을 걸으면 몸도 더워진다."

하고 조신은 칼보고를 업고 나섰다. 달례도 젖먹이를 업고 따랐다. 달보고도 기운없이 따랐다.

"고개만 넘어가면 인가가 있어."

하고 조신은 가끔가끔 뒤를 돌아보면서 걸었다.

'가족에게 알리지 말고 저 한 몸만 빠져 나왔더면 이런 일은 없는 걸.'

하고 조신은 후회하였다. 아무리 살인한 놈의 식구라도 당장 내어쫓지는 아니할 것이다.

'나 한 몸만 같으면야 무슨 걱정이 있으랴, 어디를 가면 못 얻어먹고 어디를 가면 못 숨으랴. 이 식구들을 끌고야 어떻게 밥인들 얻어먹으며 몸을 숨기긴들 하랴.'

하고 조신은 얼음길에 힘들게 다리를 옮겨 놓으면서 혼자 생각하였다.

조신의 일행이 천신만고로 두텁고개 마루터기에 올라설 때에는 벌써 해가 떴다. 태백 산맥의 여러 봉우리들이 볕을 받아서 금빛으로 빛났다. 마루터기 찬 바람은 에는 듯하였다. 골짜기에는 아직 밤이 남아 있고 그 위에는 안개가 있었다. 조신은 저 어두움 속에는 따뜻한 인가들이 있고 김이 나는 국과 밥이 있을 것을 생각하였다. 배고프고 떨고 있는 처자를 다만 한참 동안이라도 그런 따뜻한 맛을 보여 주고 싶었다.

"아버지, 추워."

"어머니, 배고파."

아이들은 이런 소리를 하기 시작하였다.

"잠깐만 참아. 이 고개를 다 내려가면 말죽거리야. 거기 가면 따뜻한 방에 들어앉아서 뜨뜻한 국에 밥을 말아 먹을걸."

조신은 이런 말로 보채는 어린것들을 위로하였다.

조신의 일행은 마침내 말죽거리를 바라보게 되었다. 이 곳은 그리 큰 주막거리는 아니나 삼태골, 울도, 멍에목으로 가는 길들이 갈리는 목이었다. 그래서 보행객이나 짐실이 마소들이 여기 들어서 묵어서 가는 참이었다. 조신의 계획은 밤 동안에 우선 여기까지 와 가지고 어디로나 달아날 방향을 정하자는 것이었다. 길이 사방으로 갈리기 때문에 종적을 숨기기 쉽다고 생각한 것이었다.

"저기 집 보인다."

"연기가 나네."

하고 아이들은 얼어붙은 입으로 좋아라고 재깔였다.

"떠들지 마라."

달례가 걱정하였다. 연기나는 집들을 본 아이들은 매우 흥분한 모양이었다. 그들은 산길을 걷는 동안은 거의 입을 벌리지 아니하였다.

냇물은 굵은 돌로 놓는 검정다리*에 부딪혀 소리를 내며 흘렀다. 물결이 없는 곳에는 얼음이 얼어 있었다. 꿩도 날고 까마귀와 까치도 날았다. 주막거리에서는 벌써 짐진 사람과 마소바리들이 떠나고 있었다. 웬 보행객 한 사람이 마주 오는 것을 조신은 보았다. 조신은 어쩌나 하고 가슴이 뭉클하였으나, 어찌할 도리가 없었다.

"어디서 떠났길래 이렇게 일찍 오시오?"

하고 그 행객이 조신의 일행을 보고 물었다. 그는 조신네 일행을 훑어보았다.

"얘 외할아버지가 병환이 위독하다고 전인이 와서 밤 도와 오는 길이오."

하고 조신은 그럴 듯이 꾸며 대었다.

그 행객은 달례와 달보고를 힐끗힐끗 보면서 지나갔다. 조신은 아무쪼록 태연한 태도를 지으려 하였으나 인가가 가까워 올수록 가슴이 울렁거렸다. 아직 방앗골 살인 소식이 여기까지 올 리는 만무하다고 믿기는 믿건마는, 죄지은 마음에는 밝은 빛이 무섭고 사람의 눈이 무서웠다.

'태연해야 돼.'

하고 조신은 저를 책망하면서 말죽거리에 들어섰다. 부엌들에서는 김이 오르고, 죽을 배불리 먹고 짐을 싣고 나선 마소와 길에 서성거리는 사람들의 입과 코에서도 김이 나왔다. 거리에 나선 사람들의 눈은 조신의 일행에 모이는 것 같아서 낯이 간지러웠다. 조신은 아내 달례와 딸 달보고의 얼굴이 아름다운 것이 원망스러웠다. 비록 수건을 눈썹까지

---

* 검정다리 징검다리인 듯.

내려썼건마는, 수건 밑으로 드러난 코와 입과 뺨만 해도 그들이 세상에 도 드문 미인인 것을 알 수가 있었다.

'금시에 곰보라도 되어 버렸으면……'
하고 조신은 아내와 딸을 돌아보고 길바닥에 침을 탁 뱉었다.

조신은 될 수 있는 대로 거리 저편 끝 으슥한 집을 골라서 들려 하였으나, 사람들이 쳐다보고 따라오는 것이 짜증이 나서 '아무 집이나.' 하고 주막에 들었다. 주막쟁이는 조신네 일행의 차림차림이 남루하지 아니한 것을 보고 '안 손님'이라 하여 안으로 끌어들였다.

"무얼 잡수시려오? 묵어 가시려오? 애기들이 어여쁘기도 하오."
하고 주막집 마누라는 수다를 떨었다.

"에그, 추우시겠네. 어서 이리 들어들 오시오."
하고 방에 늘어놓은 요때기 옷가지를 주섬주섬 치우면서 조신네 식구를 힐끗힐끗 보았다. 조신은 그 여편네가 싫었으나 어찌할 수 없었다.

방은 따뜻하였다. 밥도 곧 들어왔다. 상을 물리는 듯 마는 듯 아이들은 고꾸라져 잠이 들었다. 달례는 아이들이 자는 양을 물끄러미 들여다보고 앉아 있었으나 역시 꼬박꼬박 졸고 있었다.

조신은 자서는 안 될 텐데 하면서도 자꾸만 눈가죽이 무거웠다. 죽은 미력이를 생각하기로니 자서 될 수 있나 하고 저를 꼬집건마는 아니 잘 수가 없었다. 결국 조신도 달례도 다 잠이 들고 말았다. 마치 이 세상에서 마지막으로 한 번 편히 쉬자 하는 것 같았다.

행객과 마소가 다 떠나고 난 주막거리는 조용하여서 낮잠자기에 마침이었다. 조신네 식구들은 뜨뜻한 방에서 마음놓고 자고 있었다.

이 때에 조신의 귀에,

"여보시오, 손님, 여보시오, 애기 어머니, 일어나시오. 누구 손님이 찾아오셨수."
하는 소리가 들렸다.

조신은 그것이 주막쟁이 마누라의 음성이다 하면서 얼낌덜낌에,

　"없다고 그러시오. 여기는 아무도 오지 않았다고."

하고 돌아누웠다. 돌아눕고 생각하니 아니할 소리를 하였다 하고 벌떡
일어나 앉았다. 주막쟁이 마누라는 문을 열어 잡고 밖에 서서 모가지만
방 안에 디밀고 있었다.

　"누가 왔어요?"

하고 조신은 아까 한 말을 잊어버린 듯이 주막쟁이 마누라를 물끄러미
바라본다.

"누구신지 내가 어떻게 알아요. 말 타고 오신 손님야요. 말탄 시종 하나 데리고. 아주 점잖은 양반이야요."

마누라가 이렇게 말할 때에 달례도 일어나서 벽을 향하여 머리를 만진다. 조신은 울렁거리는 가슴과 떨리는 몸을 억지로 진정하려고 한 번 선하품을 하고 기지개를 켜고 나서 가장 태연하게,

"말탄 사람이라, 나 찾아올 사람이 있나. 그래 무에라고 나를 찾아요?"

하고 천연덕스럽게 물었다. 자기 운명의 마지막이 다다랐음을 느끼면서, 그는 잠시라도 속이지 아니할 수 없었다.

"손님 행색이 유표하지 않소? 선녀 같은 아씨, 작은 아씨만 해도 눈에 띄지 않소? 게다가 서방님이 또 특별하게 잘나셨거든. 벌써 말죽거리에 소문이 짜아한데 뭐 숨기려 숨길 수 없고 감추려 감출 수 없는 달 아니면 꽃인걸 뭐, 안 그래요, 아씨? 그래 그 손님이 말죽거리 들어서는 길로 이러이러한 사람 못 보았느냐고 물었을 것 아냐요? 그러면 말죽거리 사람은 남녀 노소 할 것 없이 그런 손님이 우리 집에 들었느니라고 말할 것 아냐요? 원체 유표하거든. 아이, 어쩌면 아씨는 저렇게도 어여쁘실까. 누가 애기를 셋씩이나 낳은 분이라 해? 할미는 말죽거리서 육십 평생을 살아도 저러신 분네는 처음이야. 이 작은아씨도 활짝 피면 어머니 같을 거야."

하고 할미의 수다는 끝날 바를 모른다.

"그 손님은 어디 계슈."

이것은 달례가 묻는 말이었다.

"아, 참, 일어나셨다고 가서 알려야겠군. 손님네 곤히 주무신다고 했더니, 그러면 가만 두라고, 깨거든 알리라고 그러시던데."

하고 마누라는 신발을 찔찔 끌면서 가 버린다.

"여보, 주인 마님."

하고 조신은 문으로 고개를 내어밀고 불렀으나 귀가 먹었는지 그냥 부엌으로 가서 스러지고 말았다. 달보고가 일어나서 놀란 새 모양으로 아비와 어미의 낯색을 번갈아보고 있다. 조신은 가만히 앉아 있었다. 인제 도망하려야 도망할 재주도 없었다.

"우리를 잡으러 온 사람은 아닌가 보오. 아마, 모례 아손인가 보아."

조신은 달례를 보고 이런 소리를 하였다. 달례는 말없이 매무시를 고치고 있었다.

'인제는 앉아서 되는 대로 되기를 기다릴 수밖에 없다.'

하니 조신은 마음이 편하여졌다.

'죽기밖에 더하랴.'

하고 조신은 더욱 마음을 든든히 먹었다.

밖에서 마누라의 신 끄는 소리가 들리고 그 뒤에 뚜벅뚜벅 점잖은 가죽신 소리가 들렸다.

문이 열렸다. 마누라의 싱글벙글하는 얼굴이 나타나며,

"손님 오시오."

하고 물러선다.

그래도 잠시는 손님의 모양이 보이지 아니하였다. 조신과 달례와 달보고는 굳어진 등신 모양으로 숨소리도 없이 가만히 앉아 있었다.

달례는 문득 생각난 듯이 아랫목에 뉘였던 두 아이를 발치로 밀어 손님이 들어오면 앉을 자리를 만들고 있었다. 조신은 그것이 밉고 질투가 났으나, 지금은 그런 생각을 할 경황이 있을 수 없다고 입맛을 다셨다.

"에헴."

하고 기침을 하고 가래를 고스르는 소리가 들렸다. 그러자 자주 긴옷에 붉은 갓을 쓴 모례가 허리에 가느스름한 환도를 넌지시 달고 두 손을 읍하여 소매 속에 넣고 문 앞에 와서 그림을 그린 듯이 선다.

"조신 대사, 나 모례요."

조신은 예기한 바이지마는 흠칫하였다. '모례'라는 이름보다도 조신 대사라는 말이 더욱 무서웠다. 조신은 벌떡 일어났다. 무서워서 일어난 것인가, 인사로 일어난 것인가 조신 저도 몰랐다. 그의 눈이 휘둥글하며 깜박거릴 힘도 없었다. 달례도 일어나서 벽을 향하고 돌아섰다. 달 보고는 모례를 한번 힐끗 눈을 치떠서 보고는 고개를 소곳하고 엄마의 곁에 섰다.

"마누라는 저리 가오."

하고 모례는 주막쟁이 할미를 보내었다. 모례는 할미가 부엌으로 스러지는 것을 보고 나서,

"놀라지 마오. 나는 대사를 해하러 온 사람은 아니요, 조용히 할 말이 있어서 찾으니 내가 방에 좀 들어가야 하겠소."

하고 신발을 벗고 올라선다.

조신은 저도 모르는 겨를에,

"아손 마마 황송하오."

하고 방바닥에 꿇어엎드렸다.

모례는 문을 닫고 달례가 치워 놓은 자리에 벽을 등지고 섰다.

조신은 꿇어엎드린 채로 두 손으로 방바닥을 짚고 고개만 쳐들고 눈을 치떠서 모례를 우러러보며,

"황송하오, 누추한 자리오나 좌정하시오."

하였다.

조신에게는 모례가 자기 일가족을 죽이고 싶으면 죽이고 살리고 싶으면 살릴 수 있는 신명같이 보였다. 모례의 그 맑은 얼굴, 가느스름하고도 빛나는 눈, 어디선지 모르게 발하는 위엄에도 조신은 반항할 수 없이 눌려 버렸다. 달례가 저런 좋은 남편을 버리고 어찌하여 나 같은 찌그러지고 못난 남자를 따라왔을까 하면 꿈 같고 정말 같지 아니하였다.

모례는 조신이 권하는 대로 앉았다. 깃옷으로 두 무릎을 가리우고 단

정히 앉은 양은 더욱 그림 같고 신선 같았다. 그 까만 윗수염 밑에 주홍 칠을 한 듯한 입술하며 옥으로 깎고 흰 깁으로 싼 듯한 손하며, 어디를 뜯어보아도 나와 같이 업보로 태어난 사바 세계 중생 같지는 아니하였다. 조신은 새삼스럽게 제 몸이 추악하게 생기고 마음이 오예*로 찬 것을 깨달았다. 더구나 눈앞에 놓인 제 두 손을 보라. 그것은 사람을 죽인 손이 아닌가.

평목 대사의 목을 조르고 코와 입을 누르던 손이 아닌가. 제 집 벽장에 구멍을 뚫고 평목의 행구를 훔쳐 내려던 손이 아닌가. 그나 그뿐인가, 몇 번이나 이 손으로 모례를 만나면 죽이려고 별렀는가.

'그리고 내 입, 내 혀!'

하고 조신은 이를 갈았다. 이 입, 이 혀로 얼마나 거짓말을 하였는가. 아내까지도 속이지 아니하였는가. '장인이 병환이 위중해서 밤 도와 오는 길이라.'고 오늘 아침 말죽거리 어귀에서 행객에게 한 거짓말까지도 모두 물 붓는 채찍이 되어서 조신의 몸을 후려갈겼다.

"아손 마마, 살려 주오. 모두 죽을 죄로 잘못하였소. 저 어린것들을 불쌍히 여겨서 제발 살려 주오."

하고 조신은 우는 소리로 중얼거리면서 무수히 이마를 조아렸다.

"조신 대사."

하고 모례가 무거운 어조로 부른다.

"예이, 황송하오. 이 몸과 같이 극흉 극악한 죄인을 대사라시니 더욱 황송하오."

하고 조신은 전신이 땅에 잦아듦을 느꼈다.

"조신 대사, 극흉 극악한 죄인이라 하니 무슨 죄 무슨 죄를 지었소?"

모례의 소리에는 죄를 나투는 법관과 같이 엄한 중에도 제자의 참회

---

* 오예(汚穢) 지저분하고 더러운 것.

를 받는 스승과 같은 자비로운 울림이 있었다.

조신은 더욱 마음이 비창해지고* 부끄러움이 복받쳐올랐다.

"비구로서 탐음심을 발하였으니 죄옵고, 그 밖에도 죄가 수수만만이오나 달례 아가씨를 후려낸 것과 평목 대사를 죽인 것이 죄 중에도 가장 큰 죄라고 깨닫소."

이렇게 참회를 하고 나니, 도리어 마음이 가벼워지는 듯해서 눈물에 젖은 낯을 들어 모례를 쳐다보았다.

"그러한 죄를 짓고도 살고 싶은가?"

조신은 잠깐 동안 말이 막혔다. 진정을 말하면 그래도 살고 싶었다. 그러나 또 한 번 거짓말을 하였다.

"이 몸은 만 번 죽어 마땅하오나 이 몸이 죽으면 저것들을 뉘가 먹여 살리오. 아손 마마, 저것들을 불쌍히 보시와서 그저 이번만 살려 주소서."

하고 조신은 소리를 내어서 느껴 울었다.

그러나 조신은 제가 마치 저 죽는 것은 둘째요, 처자가 가여워서 슬퍼하는 모양을 꾸미는 것이 저를 속임인 줄 알면서도 아무쪼록 모례가 (또 달례나 달보고도) 거기 속아 주기를 바라는 범부의 심사가 부끄럽고도 슬펐다.

모례가 대답이 없는 것을 보고 조신은 더욱 사정하고 조르고 싶었다. 처음에는 아주 뉘우치는 깨끗한 마음으로 말을 꺼내었으나 살고 싶은 생각, 요행을 바라는 탐심의 구름이 점점 조신의 마음을 흐리게 하였다. 조신은 아무리 하여서라도 모례를 눈물로 이기고 싶었다.

"제발 이번만. 아손 마마, 활인 공덕*으로 제발 이번 한 번만 살려 줍소사. 이번만 살려 주시면 다시는 죄를 안 짓고 착한 사람이 되겠사

---

* 비창(悲愴)하다 마음이 아프고 슬프다.
* 활인 공덕(活人功德) 사람을 살리는 어진 덕.

옵고, 또 세세 생생에 아손 마마 복혜 쌍전하소서 하고 축원하겠사오
니 아손 마마, 제발 이번만 살려 줍소사."

하고 조신은 꺼이꺼이 목을 놓아 울었다.

"조신 대사!"

하고 모례는 아까보다도 높은 어조로 불렀다. 조신이 듣기에 그것은 무
서운 어조요, 제 눈물에 속은 어조는 아니었다. 조신은 한 줄기 살아날
희망도 끊어지는가 하고 낙심하면서 고개를 쳐들어 모례를 우러러보았
다. 속으로는 모례의 마음을 돌려 줍소서 하고 무수히 관세음보살을 염
하였다.

"조신 대사, 나는 대사를 죽일 마음도 없고 살릴 힘도 없소. 대사가
내 아내 달례를 유혹하여 가지고 달아난 뒤로 나는 여태껏 대사의 거
처를 탐문하였었소. 대사를 찾기만 하면 이 칼로 죽여서 원수를 갚을
양으로. 그러다가 평목 대사가 대사의 숨은 곳을 알아내었다 하기로
진가*를 알아볼 양으로 내가 평목 대사를 보냈던 것이오. 평목 대사
를 먼저 보낼 때에는 내게 두 가지 생각이 있었소. 만일 조신 대사가
죄를 뉘우치고 내게 와서 빌고 다시 중이 되어서 수도를 한다면 나는
영영 모른 체하고 말리라 하는 마음하고, 또 한 생각은 만일 조신 대
사가 참회하는 마음이 없다면 이 칼로……."

하고 허리에 찬 칼을 쭉 빼어서 조신을 겨누며,

"만일 아직도 뉘우침이 없다면 내가 이 칼로 조신 대사의 목을 버히
려 하는 것이었소. 그랬더니 평목 대사가 떠난 뒤에 열흘이 되어도
스무 날이 되어도 한 달이 되어도 소식이 없으므로 내가 그 고을 원
께 청하여 사냥을 나왔던 것이오. 내가 대사의 집을 찾다가 우물가에
서 저 아기를 만나서는 모든 의심이 다 풀리고 저 아기가 달례의 딸

---

* 진가(眞假) 참과 거짓. 진짜와 가짜.

인 줄을 안 것이오. 내가 저 아기에게 옥고리를 준 것은 그것을 보면 혹시나 달례가 가까이 온 줄을 알아보고 지난 잘못을 뉘우치는 눈물을 흘리고 내게 용서함을 청할까 한 것이오. 나는 살생을 원치는 아니하오. 더구나 한번 몸에 가사를 걸었던 비구의 몸에 피를 내기를 원치 아니하였소. 그래서 조신 대사에게 살 기회를 넉넉히 줄 겸, 또 정말 그 집이 조신 대사와 달례가 사는 집인가를 확실히 알 겸 대사의 집에 사처를 정하였던 것이오. 그러나 내가 바라던 것은 다 틀려 버렸소. 조신 대사는 평목 대사를 죽였다는 것이 발각되었소그려. 복도 죄도 지은 데로 가는 것이야. 조신 대사는 불제자이면서도 죄를 짓고 복을 누리려 하였소. 꾀를 가지고 천하를 속이고 인과응보의 법을 속이려 하였지마는, 그게 될 일인가. 조신 대사는 굴에서 평목 대사의 시신이 나왔을 때에도 시치미를 떼었소. 대사는 그러하므로 천지의 법을 속여 보려 하였고 또 벽장에 둔 바랑을 꺼내려고 구멍을 뚫었지마는, 그것이 도로 그 바랑을 세상에 내어 놓게 재촉하였소. 그것이 안되니까, 대사는 도망하였소. 도망하여 세상과 천지를 속이려 하였지마는, 그 사슴이가 자취를 남기던 것과 같이 조신 대사도 자취를 남겼소. 그림자와 같이 따르는 업보를 어떻게 피한단 말요? 그런데 조신 대사는 제 죄의 자취를 지워 버리고 제 업보의 그림자를 떼어 버리려고 하였소. 그게 어리석다는 것이야. 탐욕이 중생의 눈을 가리운 거야, 그런데 조신 대사는 아직도 깨닫지 못하고 이제는 눈물과 말과 보챔으로 또 한 번 하늘과 땅을 속여 보자는 거야. 부끄러운 일 아뇨? 황송한 일 아뇨? 이 자리에서는 조신 대사의 목숨은 내게 달렸소. 내 한 번 손을 들면 대사의 목이 이 칼에 떨어지는 거야. 내가 십유여 년 두고 벼르던 원수를 쾌히 갚을 수 있는 이 때요."

하고 모례는 벌떡 일어나 칼을 높이 들어 조신의 목을 겨눈다.

조신은 황황하여 몸을 일으켜 합장하고,

"아손 마마, 살려 줍시오. 잠깐만 참아 줍시오."

하고 애원하는 눈으로 모례를 우러러본다.

모례의 눈에서는 불길이 뿜었다. 모례는 소리를 높였다. 타오르는 분노를 더 참을 수 없는 것 같았다. 당장에 그 손에 들린 칼이 조신의 목에 떨어질 것같이 흔들리고 번쩍거렸다.

"이놈! 네 조신아, 듣거라. 불도를 닦는다는 중으로서 남의 아내를 빼어 내고도 잘못한 줄을 모르고, 네 법려*인 사람을 죽이고도 아직도 좀꾀를 부려서 나를 속이고 천지 신명을 속이려 하니, 너 같은 놈을 살려 두면 우리 나라가 더러워질 것이다. 내가 당장에 이 칼로 네 목을 자를 것이로되, 아니하는 뜻은 너는 이미 나라의 죄인이라, 나라의 죄인을 내 손으로 죽이기 황송하여 참거니와, 만일 네가 도망하여 나라에서 너를 잡지 못하면 내가 하늘 끝까지 가서라도 이 칼로 네 목을 베이고야 말 터이니 그리 알아라."

하고 칼을 도로 집에 꽂고 자리에 앉는다.

조신은 고만 방바닥에 엎어지고 말았다. 머리를 부딪는 소리가 땅 하였다. 조신은 마치 벼락 맞은 사람과 같았다. 힘줄에도 힘이 없고 뼈에서도 힘이 빠진 것 같았다.

오직 부끄러움과 절망의 답답함만이 가슴에 꽉 차서 숨이 막힐 듯하였다. 칼보고가 깨어서 울었다. 그 소리에 젖먹이도 깨어서 기겁을 할 듯이 울었다. 조신은 고개를 들어서 달례와 달보고를 바라보았다. 달례는 벽을 향한 대로 느껴 울고 달보고는 두 손으로 낯을 가리우고 울고 있었다.

조신은 모례를 바라보았다. 모례는 깎아 놓은 등신 모양으로 가만히 방바닥만 내려다보고 있었다. 까마귀가 가까운 어디서 까옥까옥 하고

＊ **법려**(法侶) 함께 불법을 배우는 벗. 동료 중.

자꾸 짖고 있었다. 조신은 마침내 결심을 하였다. 인제는 별수 없다. 자기는 자현하여서 받을 죄를 받기로 하고 처자의 목숨을 모례에게 부탁하자는 것이었다. 그렇다, 사내답게 이렇게 하리라 하고 작정을 하니 마음이 가뿐하였다.

"아손 마마!"

하고 조신은 모례를 불렀다.

모례는 말없이 조신에게로 고개를 돌렸다. 그 눈에는 몹시 멸시하는 빛이 있었다. 입을 한일(一)자로 꽉 다물고 입귀가 좌우로 처진 양이 참을 수 없이 못마땅하다는 뜻을 표함이었다. 이것은 지위 높은 귀인이 아니면 볼 수 없는 표정이었다.

조신은 모례의 표정을 보고 더욱 가슴이 섬뜨레하였으나 큰 결심을 한 조신에게는 아무것도 두려울 것도 없고 꺼릴 것도 없었다. 만일 이제 또 모례가 칼을 빼어 목을 겨누더라도, 그 날이 목덜미에 스치더라도 눈도 깜짝 아니할 것 같다.

아까운 것이 있을 때에는 바싹만 해도 겁이 많을러니 모든 것을 다 버리고 나니, 하늘과 땅에 두려울 것이 없었다. 조신은 처자도 이제는 제 것이 아니요. 제 몸도 목숨도 그러함을 느꼈다. 조신은 마치 무서운 꿈을 깨어난 가벼움으로 입을 열었다.

"모례 아손, 이제 내 마음은 작정되었소. 나는 이 길로 가서 자현하려오. 나는 남의 아내를 유인하고 남의 목숨을 끊었으니, 내가 나라에서 받을 벌이 무엇인지를 아오. 나는 앙탈 아니하고 내게 오는 업보를 달게 받겠소. 내게 이런 마음이 나도록……나를 오래 떠났던 본심에 돌아가도록 이끌어 준 아손의 자비 방편을 못내 고맙게 생각하오."

하고 조신은 잠깐 말을 끊고 모례의 얼굴을 바라보았다. 모례의 눈과 입에는 어느덧 경멸의 빛이 줄어졌다. 그것을 볼 때에 조신은 만족하고 또 새로운 힘을 얻었다.

조신은 그리고는 달례와 아이들을 돌아보았다. 약간 그들에게 마음이 끌렸으나 이제는 도저히 내 것이 아니라고 제 마음을 꽉 누르고 다시 입을 열었다.

"모례 아손, 이 몸이 간 뒤에는 의지할 곳 없는 이것들을 부디 건져 주소사. 굶어 죽지 않도록, 죄인의 자식이라고 천대받지 않도록 부디 돌아보아 주소사. 그 은혜는 세세 생생에 갚사오리다."

할 때에 조신은 얼음같이 식었던 몸이 훈훈하게 온기가 돎을 느꼈다. 그리고 두 눈에서는 따뜻한 눈물이 막을 수 없이 흘러내렸다.

달례도 달보고도 모두 더욱 느껴워서 울었다. 그러나 그것은 슬프지마는, 따뜻하고 부드러운 슬픔이었다. 모례의 눈도 젖었다. 그가 가만히 눈을 감을 때에 두 줄 눈물이 옥같이 흰 뺨에 흘러내리는 것을 그는 씻으려고도 아니하였다.

방 안은 고요하였다. 천지도 고요하였다. 한 중생이 바로 깨달아 보리심*을 발할 때에는 삼천 대천 세계가 여섯 가지로 흔들리고 지옥의 불길도 일시는 쉰다고 한다.

이렇게 고요한 동안에 세월이 얼마나 흘렀는지 모른다.

모례는 이윽고 손을 들어 낯에 눈물을 씻고,

"조신 대사, 잘 알았소. 그렇게 보살의 본심에 돌아오시니 고맙소. 길 잃으면 중생이요 깨달으면 보살이라, 과연 대사는 보살이시오. 나는 지금 대사의 말씀에서 눈물에서 부처님을 뵈왔소. 이 방 안에 시방 삼세 제불 보살이 뫼와 겨오심을 뵈왔소. 대사의 가족은 염려 마시오. 내가 다 생각한 바가 있소. 대강 말씀하리다. 아이들은 내가 내 집에 데려다가 내 아들 딸로 기르오리다. 그리고 아이들의 어머닐랑은 내 집에를 오든지, 친정으로 가든지, 또는 달리 원하는 데로 가든

---

*보리심(菩提心) 스스로 불도의 깨달음을 얻고, 그 깨달음으로써 널리 중생을 교화하려는 마음. 선심

지 마음대로 하기로 하는 것이 어떠하오?"

모례의 관대함을 조신은 찬탄하여 일어나 절하고,

"은혜 망극하오. 더 무슨 말씀을 이 몸이 하오리까?"

하고 달보고를 돌아보며,

"달보고야, 이제부터는 이 어른이 네 참 아버지시다. 칼보고도 다 이제부터는 모례 아손을 아버지로 모시고 섬겨라. 나는 두텁고개 눈 속에 묻힌 미력이를 따라 저 세상으로 가련다."

할 때에는 그래도 목이 메었다.

조신의 눈앞에는 제 몸이 미력의 뒤를 따라 죽음의 어두운 길로 걸어가는 양이 보이고, 평목이가 혀를 빼어 물고 어둠 속에서 불쑥 나오는 양이 보여서 머리가 쭈뼛하였다. 무서워서 어떻게 죽나 하는 생각이 나자 전신에 소름이 끼쳤다.

이 때에 달례가 벽을 향하고 그린 듯이 섰던 몸을 돌려서 오른 무릎을 꿇고 왼편 무릎을 세우고 그 위에 두 손을 단정히 놓고 앉아 잠깐 모례를 치떠 보고 고부슴하게* 고개를 숙이며 옥을 굴리는 듯한 목소리로,

"모례 아손 마마, 죄 많은 이 몸이 무슨 면목으로 마마를 대하며 무슨 염의로 말씀을 여쭈오리까. 다만 목을 늘여서 죽이시기를 바라는 일밖에 없사오나 당초에 이 몸이 조신 대사를 유혹한 것이옵고 조신 대사가 이 몸에 먼저 손을 대인 것은 아니오니 그것만은 알아 줍소서. 우리 나라 법에 남편 있는 계집이 딴 남진*을 하는 것은 죽을 죄라 하옵고, 또 불의라 하여도 십유여 년 남편이라고 부르던 조신 대사가 이제 이 몸 때문에 죽게 되었사온데, 이 몸 혼자 세상에 살아 있을 염치도 없사옵고 또 아손 마마께서 자비심을 베푸시와, 저 어린것들을 거두어 주신다 하오시니 더욱이 황감하올뿐더러, 죽더라도 마음에

---

* 고부슴하다 '고부스름하다' 의 준말. 조금 곱은 듯하다.
* 남진(←男人) 남편. 남자.

걸리는 일 하나도 없사오며, 또 평생에 남편으로 섬기기를 언약하고
도 배반한 이 죄인이 마지막 길을 떠날 때에 아손 마마의 칼에 이 죄
많은 몸을 벗어나면 저생에서 받는 죄도 가벼울 것 같사오니, 제발
아손의 허리에 차신 칼로 이 목을 베어 줍소사."

하고 두 손으로 방바닥을 짚고 가만히 몸을 앞으로 굽히며 옥과 같이
흰 목을 모례의 앞에 늘인다.

조신은 달례의 그 말, 그 태도에 감복하였다.

'달례는 도저히 나 같은 범부의 짝은 아니다. 저 사람이 나와 같이 십
여 년을 동거한 것은 무슨 이상한 인연이거나 그렇지 아니하면 무슨
장난이다.'

이렇게 생각하고 한끝으로는 아깝고 한끝으로는 부끄럽고 또 한끝으
로는 대견도 하였다. 그러나 이제 와서는 이 인연도 장난도 꿈도 다 끝
이라고 생각하면 한없이 아쉽고 슬펐다. 도저히 이 대견한 인연을 일각
이라도 더 늘일 수가 없다고 생각하면 하염없음을 금할 수 없었다.

'아아, 그립고도 귀여운 내 달례.'

하고 조신은 달례의 검은 머리쪽을 애틋하게 바라보았다.

말없이 달례의 하소연을 듣고 있던 모례는 눈을 번쩍 뜨며,

"달례, 잘 생각하셨소. 바로 생각하였소. 진실로 내 칼에 죽는 것이
소원이오? 마음에 아무 꺼리낌도 없고 말에 아무 거짓도 없소?"

하고 달례를 향하여 물었다.

"천만에 말씀이셔라. 본래 믿지 못할 달례오나 세상을 떠나는 이 몸
의 마지막 하소연이오니 터럭끝만한 거짓도 없는 것을 고대로 믿어
줍소사."

하는 달례의 음성에는 조금 떨림이 있었으나 분명하고도 힘이 있었다.

모례는 벌떡 일어나 한 걸음 달례의 앞으로 다가서며,

"진정 소원이 그러하거든, 일찍 세세 생생에 부부 되기를 언약한 옛

정을 생각하여, 이 몸이 지옥에 떨어지는 일이 있더라도 달례의 소원
을 이루어 드리리다."

하고 왼편 손으로 금으로 아로새긴 칼집을 잡고 오른손으로 칼자루를
쥐기 잠시 주저하는 듯하더니, 번개가 번쩍하며 시퍼런 칼날이 공중에
걸려 있었다.

"달례, 눈을 들어 이 칼을 보오."

하고 모례는 칼을 한 번 춤을 추이니 스르릉 하고 칼이 울었다.

달례는 고개를 들어서 칼을 쳐다보았다.

"칼을 보았소."

하고 달례는 다시 고개를 늘인다.

"칼이 무섭지 아니한가?"

하는 모례의 말에 달례는,

"무서울 줄이 있사오리까, 그 칼날이 한 찰나라도 빨리 내 살을 버히
는 맛을 보고 싶어이다."

하고 그린 듯하였다.

"모례는 마지막으로 달례에게 수유를 주오. 이 세상에 대한 애착과
모든 인연을 다 끊고 마음이 가장 깨끗하고 고요해진 때에, 인제 죽
어도 아무 부족함이 전연 없고 물과 같이 마음이 된 때에 손을 드시
오. 그 때에 내 칼이 떨어지리다."

조신이나 달보고나 다 눈이 둥그레지고 칼보고, 거울보고는 달보고
의 손을 부여잡고 죽은 듯이 있었다. 세 번이나 숨을 쉬었을까 하는 동
안이 지나간 뒤에 달례는 가볍게 자기 바른손을 들었다. 번쩍하고 칼날
이 빛날 때에는 조신도 달보고도 손으로 눈을 가리고 땅에 엎드려서 한
참 아무 소리도 없었다.

조신은 무서운 광경을 예상하면서 고개를 들었다. 그러나 놀랐다. 달
례의 머리쪽이 썽둥 잘라지고 뒷덜미에 한 치 길이만큼 실오라기만한

피가 흐르고 있었다.

모례의 칼은 벌써 칼집에 있었다. 조신은 이것이 무슨 뜻인지를 알았다. 머리쪽을 자른 것은 승이 되란 말이요, 목에 살을 잠깐 베어서 피를 내인 것은 이것으로 죽이는 것을 대신한다는 뜻이었다. 그 어떻게 그렇게 모례의 검술이 용할까 하고 탄복하였다.

조신은 유쾌하다 할만큼 가벼운 포승을 지고 잡혀가서 옥에 매인 사람이 되었다. 중생이 사는 곳에 죄가 있어서 나라가 있는 곳에 옥이 있었다. 왕궁을 지을 때에는 옥도 아니 짓지 못하였다. 극락이 있으면 지옥이 있었다. 이것은 모두 중생의 탐욕이 그리는 그림이었다.

옥은 어느 나라나 어느 고을이나 마찬가지로 어둡고 괴로운 곳이었다. 문은 검고 두껍고 담은 흉업고 높고 창은 작고 겨울이면 춥고 여름이면 더워서 서늘하거나 따뜻함이 있을 수 없었다.

더할 수 없이 더러운 마음들이 이루는 세계이매, 그같이 더러웠다. 흙바닥은 오줌과 똥과 피와 고름이 반죽이 되고 그 위에 때묻은 죄인들이 목에는 칼, 손에는 수갑, 발에는 고랑을 차고 미움과 원망과 슬픔과 절망의 숨을 쉬고 있다.

어둠침침한 속에 허여멀끔한 여인 얼굴과 멀뚱멀뚱한 눈들이 번쩍거렸다. 쿨룩쿨룩 기침 소리와 끙끙 앓는 소리가 들렸다. 이 속에서 개벽 이래로 몇천 몇만의 사람이 죽어나간 것이다. 조신은 이러한 옥 속에 들어온 것이었다.

옥에서 주는 밥이 맛있고 배부를 리가 없어서 배는 늘 고팠다. 사람이 살 수 있는 곳 중에 가장 더럽고 괴로운 데가 옥인 모양으로, 사람이 먹는 것 중에 가장 맛없는 밥이 옥 밥이었다. 배는 늘 고팠다. 목은 늘 말랐다. 늘 추웠다. 늘 아팠다. 늘 침침하고 늘 답답하였다.

그러나 조신은 이 속에서 기쁨을 찾기로 결심하였다. 이 생활을 수도 하는 고행을 삼으려는 갸륵한 결심을 하였다. 조신은 오래 잊어버렸던 중의 생활을 다시 시작하였다.

그는 일심으로 진언을 외우고 염불을 하였다. 얻어들은 경 구절도 생각하고 참선도 하였다. 이런 것은 과연 큰 효과가 있어서 조신은 날마다 제 법력이 늘어감을 느꼈다. 그 증거로는 마음이 편안하였다. 다른 죄수들이 다 짜증을 내고 악담을 하고 한숨을 쉬어도 조신은 점점 더 태연할 수가 있었다.

날마다 죄수는 들고 났다. 어떤 죄수는 끌려나갔다가 몹시 얻어맞고 늘어져서 다시 피에 젖은 옷에서 비린내를 뿜으면서 들어오기도 하나, 어떤 죄수는 나갔다가 다시 들어오지 아니하여서 그 자리가 하루 이틀 비어 있는 일도 있었다. 이런 것은 무죄 백방이 되었거나, 죽은 것이라고 다른 죄수들이 생각하고는 그 자리를 다시금 돌아보는 것이다.

새로 들어오는 죄수는 살도 있고 기운도 있었다. 그는 먼저부터 있는 죄수들에게 여러 가지 세상 소식을 전하였다. 이것은 옥 중에서는 가장 큰 낙이었다.

이 속에 들어오는 사람은 예나 이제나 다름이 없었다. 도적질하고 온 놈, 사람 때리고 온 놈, 또는 조신 모양으로 사람을 죽이고 온 놈, 남의 집에 불 싸놓고 온 놈, 계집 때문에 잡힌 놈, 양반 욕보인 죄로 걸린 놈, 이 모양으로 가지 각색 죄명으로 온 놈들이었으나, 한 가지 모든 놈에 공통한 것은 저는 애매하다는 것이었다. 이를테면 사람을 죽였지마는, 그런 경우에는 아니 죽일 수 없었다든가, 불을 놓은 것은 사실이나 불 놓인 놈의 소행이 더 나쁘다든가, 이 모양이어서 아무도 제가 잘못한 것이라고는 생각지 않는 모양이었다. 조신은 그런 핑계를 들을 때마다 제 죄도 생각해 보았다.

'달례 같은 어여쁜 계집이 와서 매달리니 어떻게 뿌리쳐? 누구는 그런 경우에 가만 둘까. 평목이 놈이 무리한 소리로 위협을 하니 어떻

게 가만 두어? 누구는 그놈을 안 죽여 버릴 테야?

이 모양으로 생각하면 조신은 아무 죄도 없는 것 같았다.

"아뿔싸!"

하고 조신은 흠칫하였다.

'평목이 놈이 나 없는 틈에 내 딸에게 아니 내 아내에게 무례한 짓을 하려 했기 때문에 그놈을 죽였다고 했다면 고만 아냐? 분해, 분해!'

조신은 제가 대답 잘못한 것을 후회하였다.

'괜히 모두 불었다. 모례놈헌테 속았다.'

이렇게 생각한 조신에게는 다시 마음의 평화는 없었다.

조신은 아직 판결은 아니 받고 있었다. 사실을 활활 다 자복하였건마는, 법의 판정에는 여러 가지 까다로운 절차가 많았다.

죄인이 자복을 하였더라도 그것을 그대로 다 믿는 것은 법이 아니다. 평목의 시체를 관원이 검시도 하여야 하고 동네 사람들의 증언도 들어야 한다. 이러한 사정으로 이 사건은 해가 넘어서 조신은 옥에서 한 설을 쉬었다.

섣달 그믐날 밤 부중 여러 절에서는 딩딩 묵은 해를 보내는 인경이 울었다. 장방에 조신과 같이 갇힌 수십 명 죄수들이 잠을 못 이루고 눈을 감았다 떴다 하는 것이 등잔불 빛에 번쩍번쩍 하였다. 그들은 모두 집을 생각하고 처자를 생각하고 있었다. 벽 틈으로는 찬 바람이 휘휘 들어오고 바깥에는 아마 눈보라가 벽에 부딪히는 소리가 쓰윽쓰윽 하고 바다의 물결 소리 모양으로 들렸다.

조신은 한 소리도 아니 놓치려는 듯이 인경 소리를 세고 있었다. 마침내 딩딩 하는 울림을 남기고 인경 소리도 그쳤다. 방 어느 구석에선가 홀쩍홀쩍 느껴 우는 소리가 들렸다.

인경 소리에 가라앉았던 조신의 마음에는 다시 번뇌의 물결이 출렁거리기를 시작하였다.

'어, 추워!'

하고 조신은 이를 악물고 주먹을 한번 불끈 쥐었다.

'죽기 싫어. 살고 싶어.'

조신은 길게 한숨을 내쉬었다. 그러나 살아날 가망은 없었다. 조신의 눈앞에는 평목의 시신과 바랑이 나뜨고 원과 모례의 얼굴이 나왔다. 증거는 확실하다. 그러고 조신은 세 번 문초에 다 똑바로 자백하였다.

'왜, 모른다고 뻗대지 못했어? 그렇지 않으면 평목에게 죄를 뒤집어 씌우지를 아니했어? 에익, 고지식한 것!'

스스로 저를 책망하고 원망하였다.

한 번뇌에서 문을 열어 주면 뭇 번뇌가 뒤따라 들어온다.

'달례가 보고 싶다.'

조신은 달례와 같이 살 때에 재미있고 즐겁던 여러 장면을 생각한다. 그 어여쁜 얼굴, 부드러운 살, 따뜻한 애정 이런 것이 모두 견딜 수 없는 그리움을 가지고 또렷또렷이 나타난다. 그 때에는 뜨뜻한 방에 금침이 있고 곁에는 달례의 부드럽고 향기로운 몸이 있었다.

"으응."

하고 조신은 저도 모르는 결에 안간힘 쓰는 소리를 내었다.

'어느 놈이 내게서 달례를 빼앗았니?'

하고 조신은 소리소리 치고 싶었다.

조신에게서 달례를 빼앗은 것은 모례인 것만 같았다.

'이놈아!'

하고 조신은 모례를 자빠뜨리고 가슴을 타고 앉아서 멱살을 꽉 내려누르고 싶었다.

이렇게 생각하면 달례는 지금 모례의 품 속에 안겨 있는 것 같았다. 모례의 칼에 머리쪽을 잘렸으니 필시 달례는 어느 절에 숨어서 제 복을 빌어 주려니 하고 생각하던 것이 어리석은 것 같았다.

'그렇다. 달례는 지금 모례의 집에 있다. 분명 모례의 집 안방에 있다. 달례는 곱게 단장을 하고 모례에게 아양을 떨고 있다.'

조신의 눈에는 겹겹으로 수병풍을 두른 모례 집 안방이 나오고 그 속에 모례와 달례가 주고받는 사랑의 광경이 환히 보였다.

조신의 코에서는 불길같이 뜨거운 숨이 소리를 내고 내뿜었다. 조신의 혼은 시퍼런 칼을 들고 모례의 집으로 달렸다. 쾅쾅 모례 집 대문을 부서져라 하고 두드렸다. 개가 콩콩 짖었다. 대문은 아니 열리매, 훌쩍 담을 뛰어넘었다. 모례 집 안방 문을 와지끈하고 발길로 차서 깨뜨렸다. 모례는 칼을 빼어 들고 마주 나오고 달례는 몸을 움츠리고 울었다. ……조신은 꿈인지 생신지 몰랐다.

'아아, 무서운 질투의 불길. 천하의 무서운 것 중에 가장 무서운 것!'

조신은 무서운 꿈을 깬 듯이 치를 떨었다. 못한다, 이것이 옥중이 아니냐. 두 발은 고랑에 끼여 있고 두 손은 수갑에 잠겨 있다. 꿈은 나갈지언정 몸은 못 나간다.

조신은 옥을 깨뜨리고라도 한 번 더 세상에 나가 보고 싶었다. 다른 것을 보는 것이 아니라, 달례가 모례의 집에 있나 없나 그것이 알고 싶었다. 그러나 여러 날을 두고 백방으로 생각하여도 그것은 되지 않을 일이었다. 한 방에 혼자 있더라도 해 볼 만하고 또 죽을 죄인들끼리만 한 방에 모여 있더라도 무슨 도리가 있을 것이다. 그러나 죄 무거운 사람, 가벼운 사람 뒤섞여서 둘씩 셋씩 한 고랑을 채워 놓고 그런 사람을 열 칸통 장방에 수십 명이나 몰아넣었으니 꼼짝할 수가 없었다.

조신은 모든 것을 단념하고 처음 옥에 들어왔을 때 모양으로 주력과 참선*으로 우선 마음을 편안하게 하고 내생 인연이나 지어 보려 하였으나 탐애와 질투의 폭풍이 불어 일으키는 마음의 검은 물결을 어찌할 수

---

* **주력(呪力)과 참선(參禪)** 주문으로 감동시키는 힘과 참선. 참선은 좌선하여 수행하는 일.

가 없었다.

　대보름도 지나고 지독한 입춘 추위도 다 지난 어떤 날 조신은 장방에서 끌려나갔다. 왁살스러운 옥사장이 한 손으로 조신의 상투를 잡고 한 손으로 덜미를 짚어서 발이 땅에 닿기가 어렵게 몰아쳤다. 조신은 오늘 또 무슨 문초를 하는가 보다. 이번에는 한번 버티어 보자 하고 기운을 내었다.

　그러나 조신은 관정으로 가는 것이 아님을 알고 발을 멈추며,

　"관정으로 안 들어가고 어디로 가는 거요?"

하고 물었다.

　옥사장은 조신의 꽁무니를 무릎으로 퍽 차며,

　"어디는 어디야, 수급대 터로 품삯 타러 가지. 잔말 말고 어서 가."

하고 더 사정없이 덜미를 누르고 머리채를 낚아챈다.

　"품삯이 무에요?"

　조신은 그래도 묻는다.

　"아따 한세상 수구한 품삯 몰라, 잘했다는 상금 말야."

하고 옥사장은 또 한 번 아까보다 더 세게 항문께를 무릎으로 치받으니 눈에 불이 번쩍 나고 조신의 몸뚱이가 한 번 공중에 떴다가 떨어진다.

　"아이쿠, 좀 인정을 두어 주우."

하고 조신은 끌려간다.

　다른 옥사장 하나가,

　"이놈아, 그렇게도 가는 데가 알고 싶어? 이놈아, 양반댁 유부녀 후려 내고 사람 죽였으면 마지막 가는 데가 어딘지 알 것 아냐. 그래도 모르겠거든 바로 일러 줄까! 닭 채다가 붙들린 족제비 모양으로, 부엌 모퉁이 응달에 시래기 타래 모양으로 매어다는 데 말야, 여기를 이렇게."

하고 손길을 쫙 펴서 조신의 모가지를 엄지가락과 손길 새에 꽉 끼고

힘껏 툭 턱을 치받치니 조신은 고개가 잦혀지며 아래윗니가 떡 하고 마주친다. 그것이 우스워서 조신을 잡아가는 옥졸들이 하하 하고 앙천 대소*한다.

조신은 이제야 분명히 제가 가는 곳을 알았다. 그러고는 아이들에게 끌리기 싫다는 송아지 모양으로 두 발을 버티고 허리힘을 쑥 빼어 버리니 조신의 몸뚱이가 옥사장의 손에 잡힌 머리채에 디룽디룽 달렸다가 옥사장의 팔에 힘이 빠지니 땅바닥에 엉치가 퍽 떨어진다.

"안 갈 테야? 이럴 테야? 난장을 맞고야 일어날 테야!"
하고 옥사장들은 허리에 찼던 철편을 끌러 조신의 등덜미를 후려갈기며 끊어져라 하고 끄대기를 낚아챈다.

"아이구구."
하고 조신은 일어선다.

벌써 형장이 가까운 모양이어서 조신의 두리번거리는 눈에는 사람들이 보였다. 옥사장이 덜미를 덮어 눌러서 몸이 기역(ㄱ)자로 굽었기 때문에 사람들의 얼굴은 잘 안 보이고 아랫도리만 보였다. 그래도 혹시나 달례가 보이지나 아니하나 하고 연해 눈을 좌우로 굴렸다. 조신의 눈에는 거기 있는 사람들이 모두 달례인 것 같기도 하였으나 정말 달례는 보지 못하였다.

조신은 마침내 보고 싶은 달례도 보지 못하고, 하고 싶은 말도 못하고, 눈을 싸매고, 뒷짐을 지고, 목에 올가미를 쓰고 매어달려서 다리를 버둥버둥하였다.

"살려 주오, 살려 주오."
하고 소리를 질렀으나 제 귀에도 그 소리가 들리지 아니하였다.

숨이 꼭 막혀서 답답하였다. 차차 정신이 흐려졌다.

---

* 앙천 대소(仰天大笑) 하늘을 쳐다보고 크게 웃음.

'무서워서 어떻게 죽나. 죽은 뒤에 무엇이 있나?'
하고 조신은 관세음보살을 염하면서 팔다리를 버둥거렸다.

'아이고, 나는 죽네, 관세음보살.'

그리고는 조신은 정신이 아뜩하였다.

얼마를 지났는지,

"조신아, 이놈아, 조신아."
하고 꽁무니를 누가 치는 것을 조신은 감각하였다.

조신은 눈을 번쩍 떴다.

선잠을 깬 눈앞에는 낙산사 관음상이 빙그레 웃으시고, 고개를 돌리니 용선 노장이 턱춤을 추면서 웃고 있었다.

(조신은 이 때부터 일심으로 수도하여서 낙산 사성이라는 네 명승 중의 한 분인 조신 대사가 되었다.)

옥수수

　원산* 시가와 송도원 해수욕장 사이에 푸른 소나무가 빽빽이 들어선 산기슭이 뾰족이 나와 있는 그 곳에 안씨라 하는 한 기인이 살고 있다. 안씨와 나와는 수십 년 전부터 알아 오는 사이였으나 친밀한 교제가 있는 사이는 아니었다. 올 여름 내가 송도원 해변가에서 뜻 아니한 안씨와 만나게 되어서 내 어린 자식들과 한 가지 안씨 댁으로 만찬에 불리게 되었다.

　"옥수수밖에는 아무것도 없습니다만."
하는 말이 안씨의 초대사이었다.

　약속한 오후 다섯 시에 안씨는 우리를 맞으러 와 주었다. 초대된 손들은 만주국 별명까지 가진 나씨 부부와 그의 아이들과 그리고 우리들이었다. 나씨와 나와는 옛 친구일뿐더러 또한 가정적으로도 벗되는 사람이었다.

＊ **원산**(元山)　함경 남도의 한 시. 영흥만 남쪽 갈마 반도와 호도 반도에 둘러싸인 동해안 최대의 항구임.

안씨의 집은 매우 풍경이 절가하고* 동쪽 창으로는 원산 바다가 눈앞에 잡힐 듯이 보이고, 또한 뜰 앞에서 느티나무와 떡갈나무, 늙은 벚나무와 소나무 등이 울창하고 그늘을 짓고 있었다.

"이것은 조선 제일입니다그려."

나는 무심코 말하였으나 이것은 결코 칭찬에 지난 말은 아니었다고 생각한다.

"아무래도 서양 사람 편이 제 고장 조선 사람보다도 풍수에도 밝으니."

라고 함은 나씨의 평이었다.

풍수라 함은 집터나 묏자리 보는 술이라 하는 뜻이니, 이 집은 지금으로부터 사십여 년 전 구한국에 해관리로 원산에 온 오이센이란 덴마크 귀족이 지은 것이었으니, 지금의 주인인 안씨는 실상은 그 오이센씨로부터 물려받은 것이었다. 햇볕 잘 들고 풍경 좋고 게다가 서북은 산에 둘려 있는 참으로 좋은 명당이다.

안씨는, 나와 비로소 알게 되던 때에는 안씨는 한 가난한 서생이었다. 그는 시베리아로 혹은 만주로 왔다갔다하여서, 나씨와 가까이 된 것도 해삼위(블라디보스토크) 방랑 때이었다 한다.

나씨도 젊어서는 사상적으로나 공간적으로나 또는 사업적으로도 방랑자여서 수십만 재산을 모으게 된 것은 근년의 일이요, 안씨도 지금은 자산이 오백만을 넘는다 한다. 안씨나 나씨의 나이 이제 겨우 오십! 성공한 셈일 것이다.

다만 그 때나 이제나 가난한 서생으로 버틴다는 것은 나뿐이다. 피차에 젊었을 때 지낸 이야기로 시간은 흘러서 식사를 하게 되었다. 마호가니 재목인지는 모르나 훌륭한 식탁에 하얀 상보가 덮여 있고 의자와

---

* 절가(絕佳)하다 뛰어나게 아리땁다.

방 안 세간들이 모두 어느 것이든지 시대에 어울리는 고상한 맛이 있다. 요리는 현부인으로 이름이 있는 안씨 부인이 손수 만든 것이라 하여서 자신 급사 노릇을 하고 계시다.

처음에 나온 것이 서양 접시에 담은 누른빛 나는 죽이었다.

"옥수수예요. 옥수수 죽입니다. 자아 어서 드세요."

하고 안씨가 먼저 스푼을 들어 한 입 떠먹었다. 나도 먹어 보았으나 참 맛났다. 이것은 호텔 같은 데에서도 식탁에 오르는 것이다. 옥수수가 햇것인 까닭도 있음인지 호텔에서 먹던 것과는 비교하지도 못하리만큼 맛났다.

"이것 참 좋군."

하고 나씨는 입맛을 쩍쩍 다신다.

"대체 이것은 어떻게 만드는 거요?"

나는 안씨에게 물었다.

"뭐 어려울 것 없습니다. 옥수수 알맹이를 따서 뭉크러뜨립니다. 그래 가지고 알맞치 끓여서 크림과 소금을 조금 넣어서 만듭니다. 아마 이건 닭국물을 조금 쳤나 봅니다마는."

"사탕은 넣지 않습니까?"

하고 묻는 것은 나씨 부인이었다.

"아니오, 사탕은 아니 들었습니다."

라고 안씨 부인이 대답을 하니 안씨는,

"저의 집에서는 될 수 있는 대로 사탕을 쓰지 않을 방침입니다. 조선에서는 사탕이 나지 않고 또 제 손으로써 만들 수 없으니까요. 그런 데다 어느 곡식에든지 적당한 분량의 당분이 섞여 있으니까요. 조리하는 법만 잘하면 따로 사탕을 넣지 않아도 좋을 줄 알아요."

"조물주 처방대로 하신단 말씀이죠."

나씨는 유쾌한 듯이 웃었다.

"그렇습니다. 조물주 처방에 틀림은 없습니다."

안씨는 웃지도 않고 정색으로 말하였다.

둘째 번 코스는 닭을 로스트한 것이어서 이와 함께 빵과 쿠키가 나왔는데 안씨는 쿠키를 손에 들고 가리키며,

"이것도 옥수수입니다. 빵도 옥수수나 메밀로도 되지만, 밀은 조선에도 되니까 문제는 없지요. 그러나 옥수수는 어떠한 산전이라도 되니까요, 귀밀도 그렇습니다만. 옥수수를 상식으로 하는 것이 조선 양식 문제 해결에 대하여 중요한 의미가 있을 줄 알므로 나는 이십 년래 옥수수를 맛있게 해 먹는 시험을 하고 있습니다. 이 쿠키도 옥수수로 만든 것이니 하나 잡숴 보세요."

하고 말하였다.

"참으로 맛납니다그려."

"응, 이것 참 맛나군."

"나도 하나 더."

어른이나 아이나 다 대환영이었다.

다음에 나온 것은 전병 같은 것이었다. 안씨는 또,

"이것도 옥수수입니다."

하고 싱긋 웃어 보인다.

그것도 맛났다.

다음에 나온 것은 옥수수를 그냥 삶은 것이었다. 안씨는,

"입때 잡수신 옥수수가 이것입니다. 이것은 골든밴듬이란 아메리카 종자인데, 조선 기후 풍토에도 잘 맞는다고 합니다. 자아, 이번에는 원료 그대로인 옥수수를 잡숴 보십시오."

하고 권하였다.

참으로 맛났다. 말랑말랑하고도 단 기운이 있는 데다가 무어라 말할 수 없는 풍미가 있었다. 아이들은 지껄이는 것도 잊어버리고 먹고 있

다. 식욕이 없는 나의 아들녀석도 골든밴듐에는 제 세상이나 만난 것처럼 달려들고 있다.

"이렇게 옥수수를 먹어도 배탈이 아니 납니까?"

하고 나는 근심스럽게 물었더니 안씨는 침착한 태도로,

"아니오, 그러한 걱정은 없습니다. 과식만 하지 않으면 관계 없습니다. 식탁에선 좀 무엇한 말씀이오나 옥수수를 먹으면 뒤보기가 좋습니다. 설사를 하느니 하고 말하지만 그런 일은 없습니다. 병이 되는 것은 과식한 까닭입니다."

그리고 토마토가 나오고 신선한 버터, 치즈, 야채도 여러 가지 나왔으나 이것이 모두 뜰 앞 밭과 목장에서 손수 만든 것으로, 돈을 내고 사온 것은 소금과 사탕뿐이라 한다.

다음에 검은 빛 나는 음료가 나왔으므로 나는 선뜻 포도즙인 줄 알고 마셔 버렸다.

"이 선생! 어떻습니까, 지금 마신 것은?"

하고 안씨는 나를 향하여 웃어 보였다.

"좋습니다, 포도즙이지요?"

나는 의아한 얼굴로 안씨를 쳐다보았다.

"나도 그레이프 주스인 줄 알았는데요."

나씨도 나와 같은 말을 하였다.

"다들 그렇게 생각하시더군요. 이것은 포도가 아닙니다. 어떤 종류의 풀 열매입니다."

"야생입니까?"

"그렇죠, 야생과 같지요. 서양서 온 것입니다. 그저 뿌려만 두면 좋습니다."

안씨는 그 풀 이름을 들려 주었으나 나는 그 이름을 잊어버려서 유감이다. 언제든지 물어 보련다. 맨 나중에 나온 것은 과일과 시커먼 음료와 그리고 케이크 같은 것이었다.

　"이것은 또 무엇일까. 커피나 코코아는 아닐 것이니까."

하고 나씨는 웃으면서 컵을 입에 대 보고,

　"아아, 포스텀이군. 아무리 안 군이라도 이것만은 수입품이군."

하고 큰 소리로 마치 승리의 부르짖음과 같이 말한다.

　"아니."

하고 안씨는 유쾌한 듯이 웃었다.

　"그럼 무엇이오?"

　나씨는 헛 맞혔다는 듯이 물었다.

　"이것도 옥수수겠군요?"

하고 나는 농담삼아 물었다.

　"그렇습니다. 이것도 옥수수입니다. 옥수수를 볶아 가지고 가루를 한 것입니다. 거기다가 어떤 풀이 조금 들어 있습니다. 이 향기가 그 풀 향기지요."

　안씨는 수줍은 듯이 말하였으나 여전히 자랑의 웃음을 머금은 빛은 감출 수 없었다.

　"옳지, 이것도 옥수수라."

　나씨는 또 할 수 없다는 듯이 항복하였다.

　"아! 참 그렇지 그래."

하고 안씨는 부인을 돌아보며,

　"밥을 조금 드릴까. 어쩐지 동양 사람은 밥을 먹지 않으면 먹은 것 같지 않으니까요."

라고 하면서 의미 있는 듯이 우리들을 둘러보았다.

　"아니요, 아니요. 더 못 먹습니다. 더는 아무것도 못 먹겠습니다."

하는 내 말에 안씨는,

　"그래도 조금만치라도."

하고 부인에게 밥을 가져오라 말하고는 이렇게 말하였다.

"나는 이렇게 생각합니다. 쌀밥은 평지 주민이 상식으로 할 것이지 조선과 같이 산악이 많은 곳엔 밭이나 산에 되는 것으로 상식을 하지 않으면 안 됩니다. 이렇게 생각합니다. 평지의 면적은 늘지 않는데 인구는 점점 늡니다. 그런데도 하루 세 끼 흰 쌀밥만 먹으려 하는 것은 무리입니다. 그래서 나는 어찌하여서든지 산에서 만드는 식량과 그것을 맛있게 해 먹는 연구를 하고 싶어요. 그래서 나 자신 가정에서 실행하고자 생각한 바에요. 그것은 내가 나 선생과 해삼위에서 작별하고 길림성이나 함경 남북도로 돌아다니는 길에 깨달은 것인데, 실로 광대한 산야를 이용치 않고 있어요. 만일 산에서 만드는 식량과 그것을 맛있게 먹는 조리법을 발견한다면 조선은 지금 인구의 몇 배를 더 기를 수 있으리라고 생각했어요. 그래서 생각한 것이 감자와 옥수수와 밀, 조 같은 것이 있어요. 그러나 아시는 바와 같이 나 같은 가난한 서생으로는 모두 생각하는 바와 같이 되지 않고 이제야 겨우 옥수수 재배법과 조리법만은 이럭저럭 해결이 된 셈입니다. 이로부터는 감자로 옮기려고 하는 차입니다. 자 어서 잡수셔요, 실례하였습니다. 너무 말이 길어져서. 그래서 옥수수 포스텀이라셨지요? 나 선생이 포스텀이라고 하셨으니 그래도 좋지요. 그리고 이 케이크가 감자로 만든 것입니다."

하고 말하며 자기가 먼저 감자 케이크를 한 입 먹고는 옥수수 포스텀을 마셨다. 우리들도 안씨를 따라 먹었다. 포스텀과 케이크가 다 맛있었다.

식후 우리들은 바다로 면한 베란다는 아니나 넓은 마루같이 되어 있는 곳으로 자리를 옮기고 밤바다를 바라보며 여러 가지 이야기를 하였다. 그 주제는 산의 개척이었다. 옥수수나 감자와 맥류의 재배와 소, 양, 돼지 같은 목축은 조선의 이로부터의 농업에 신천지가 아니면 아니

될 뿐 아니라, 또 중요한 것이 아니면 아니 된다고 하는 말이었다.

"논과 밭을 개량함도 급무이지만 산을 개척하는 것은 창조이니까요. 자손 만대 먹을 만한 양식의 새 원천을 만든다는 것이니까요."

이렇게 말하는 안씨의 눈은 빛났다. 아이들도 있는 고로 아홉 시쯤 되어서 안씨 댁을 나왔는데 작별할 때에 안씨는,

"언제 또 한 번, 이번엔 감자 만찬을 드리겠습니다."

하고 손을 내밀었다.

옥수수 말리기

부록

작가와 작품 스터디

● 이광수 (1892~1950, 호는 춘원)

 이광수는 평안 북도 정주에서 태어났다. 5세에 한글과 천자문을 깨치고 8세에 동네 서당에서 한학을 배웠다. 11세 때 콜레라로 부모가 모두 죽어 고아가 되었으며, 13세에 서울에 와서 친일 단체인 일진회의 추천으로 일본의 메이지 학원에 들어갔다.

그 무렵 도쿄 유학생들 사이에는 기울어져 가는 나라를 지키자는 애국 사상이 퍼져 가고 있었다. 이광수는 안창호의 연설에 깊은 감명을 받았다. 1910년 메이지 학원 중학부를 졸업하고 오산 학교 교사가 되었으나, 나라를 일본에 빼앗기자 1911년 상하이로 건너갔다.

그 후 제1차 세계 대전이 일어나자 고향으로 돌아왔으며, 1915년 김성수의 도움으로 일본 와세다 대학 철학과에 입학하여 특대생이 되었다. 1917년 〈청춘〉에 〈소년의 비애〉를 비롯하여 〈어린 벗에게〉 등의 단편 소설을 발표했으며, 그 해부터 〈매일 신보〉에 우리 나라 최초의 근대 장편 소설인 〈무정〉을 연재하여 신문학의 개척자가 되었다.

1919년에는 도쿄 유학생의 2·8 독립 선언서 초안을 작성하고 상하이로 건너가 신익희 등과 함께 안창호를 도우면서 임시 정부의 기관지인 〈독립 신문〉의 사장을 지냈다. 1923년 귀국하여 〈동아 일보〉 편집국장을 지냈으며, 〈재생〉, 〈허생전〉, 〈흙〉 등을 발표했다. 1933년에 〈조선 일보〉 부사장이 되었고, 같은 해에 장편 소설 〈유정〉을 발표했다. 1937년 수양 동우회 사건으로 6개월간 감옥살이를 한 뒤 노선을 바꾸어, 가야마 미쓰로로 이름을 바꾸고 학병 권유 강연을 하는 등 친일 행동을 했다. 광복 후 친일 행위로 인해 구속되었다가 병으로 풀려나서 봉선사 등에서 집필 생활을 계속하다가, 1950년 6·25 전쟁 중 납북되었으며 그 해 10월 폐결핵으로 사망했다.

● **무명**　'나'는 병이 든 죄수를 수용하는 감옥에서 '윤', '민', '정', '강' 등과 함께 지내게 된다. 그들은 감옥 안에서 서로 끊임없이 싸운다. '윤'과 '민'은 '나'에게 들어오는 사식을 서로 먹기 위해 으르렁거리고, '정'은 '윤'이 간병부에게 자신의 잘못을 고자질했다고 해서 서로 미워하게 된다.

　'민'은 몸이 쇠약해서 보석으로 풀려나고 '윤'은 폐병으로 판정되어 다른 방으로 옮겨 간다. '정'은 자신의 무죄를 확신하며 불경을 읽고 '강'은 순순히 죄를 인정하고 2년의 판결을 받는다. '윤'은 건강 악화로 보석을 받게 되고 '나' 또한 감옥을 나온다.

● **꿈**　〈삼국유사〉에 나오는 조신의 이야기를 재구성한 것으로, 낙산사 중 조신의 꿈에 관한 이야기다. 얼굴이 못생긴 조신은 고을 사또의 딸인 달례를 보고 첫눈에 반한다. 달례는 이미 모례와 혼인 약속이 되어 있던 상태다. 조신은 밤낮 불공을 드리며 단 한 번이라도 달례와 행복할 수 있기를 바란다.

　그러던 어느 날 달례와 조신은 도망을 치게 된다. 군사들이 따라왔지만 노장 스님의 도움으로 무사히 빠져 나간다. 산골에 자리를 잡은 두 사람은 아들, 딸을 낳고 행복하게 살다가 불쑥 나타난 평목을 조신이 죽이게 되고, 또 달례의 정혼자였던 모례가 나타나면서 두 사람은 불안에 떨게 된다. 결국 조신은 붙잡혀서 감옥에 가게 되고 두려움에 떨고 있던 조신은 순간 눈을 뜨며 모든 것이 꿈임을 깨닫는다. 후에 불도에 정진한다.

● **옥수수**　원산에서 옥수수를 키우는 안씨는 우연히 '나'를 만나게 되어 식사에 초대한다. 그 자리에서 안씨는 자신이 키우는 옥수수만 가지고 요리를 하며 옥수수의 좋은 점을 소개한다.

논술 가이드

〈무명〉의 한 대목입니다. 제시문을 읽고 다음 문제에 답하시오.
[문항 1]

> "아뿔싸 신상, 그것 잡숫지 마시오."
> 고 말만으로도 부족하여 손까지 살래살래 내흔들었다.
> 　간병부는 꺼림칙한 듯이 떡을 입에 문 채로,
> 　"왜요?"
> 하며 제자리에 와 앉는다.
> 　(중략)
> 　"그렇게 아시고 싶은 건 무엇 있어요? 그저 부정한 것으로만 아시라닝게.
> 　내가 신상께 해로운 말씀할 사람은 아니닝게."

　(1) 윤은 정이 간병부에게 준 떡을 먹지 말라고 말리면서도 이유를 정확하게 이야기하지 않습니다. 윤이 간병부를 말린 속뜻은 무엇일까요? 그러면서 왜 정확하게 이야기를 해 주지 않고 뜸을 들일까요? 각자 생각을 말해 봅시다.

----

　(2) 정과 윤의 두 사람 중 과연 누구의 행동이 잘못된 것일까요? 그 이유를 들어 말해 봅시다.

〈무명〉의 두 대목입니다. 제시문을 읽고 다음 문제에 답하시오.

[문항 2]

> 강은 나와 윤에게 물을 한 잔씩 따라서 권하고, 그리고는 자기가 두 보시기나 마시고 그 나머지로는 수건을 빨아서 제 배를 훔치고, 그리고는 물 한 방울도 없는 주전자를 마룻바닥에 내어던지듯이 덜컥 놓고는 제자리에 돌아와 앉았다.
>
> 강이 하는 양을 보고 앉았던 윤은,
>
> "강 선생, 그것 잘 하셨소. 흥, 이제 잠만 깨면 목구멍에 불이 일어날 것이닝게."

> 강이 상소권을 포기하고 선선히 복죄해 버린 것이 대조가 되어서, 정이 사기 취재를 한 사실이 확실하면서도 무죄를 주장하는 모양이 더욱 흉하였다. 그래서 간수들이나 간병부들이나 정에게 대해서는, 분명히 멸시하는 태도를 가지고 있었다.

(1) 첫번째 글에서 강은 정을 골려 주기 위해 정이 잠든 사이에 주전자의 물을 모두 써 버립니다. 그런 강의 행동이 올바른 것인지 그렇지 않은지, 그 이유를 들어 말해 봅시다.

----

(2) 두 번째 글에서 강은 자신의 죄를 인정하지만 정은 무죄를 주장합니다. 만약 여러분이 정의 친구라면 어떤 충고를 해 줄 수 있을까요? 강의 선택을 생각하면서 자신의 의견을 말해 봅시다.

〈꿈〉의 두 대목입니다. 제시문을 읽고 다음 문제에 답하시오.

[문항 3]

> '암만해도 평목의 입을 막아 놓아야 할 것이다.'
> 조신은 이렇게 생각하고 구석에 놓인 도끼를 생각하였으나 방과 몸에 피가 묻어서 형적이 남을 것을 생각하고는 목을 매어 죽이기로 하였다.
> 조신은 손에 맞는 끈을 생각하다가 허리띠를 끌렀다.

> '달례 같은 어여쁜 계집이 와서 매달리니 어떻게 뿌리쳐? 누구는 그런 경우에 가만 둘까. 평목이 놈이 무리한 소리로 위협을 하니 어떻게 가만 두어? 누구는 그놈을 안 죽여 버릴 테야?'
> 이 모양으로 생각하면 조신은 아무 죄도 없는 것 같았다.

(1) 첫번째 글에서 조신은 자신을 찾아와 딸을 주면 비밀을 지켜 주겠다는 평목의 말을 듣고 그를 죽일 것을 결심합니다. 조신의 행동이 올바른 것인지, 그렇지 않다면 어떻게 상황을 극복해야 할 것인지 각자의 생각을 말해 봅시다.

----

(2) 두 번째 글에서 조신은 옥에 갇혀 지난 일을 돌이켜봅니다. 그러면서도 자신에게는 죄가 없다고 스스로를 변명합니다. 과연 조신에게 죄가 없는 것일까요? 있다면 어떤 잘못을 저질렀는지 말해 봅시다.

〈옥수수〉의 한 대목입니다. 제시문을 읽고 다음 문제에 답하시오.

[문항 4]

> 그 주제는 산의 개척이었다. 옥수수나 감자와 맥류의 재배와 소, 양, 돼지 같은 목축은 조선의 이로부터의 농업에 신천지가 아니면 아니 될 뿐 아니라, 또 중요한 것이 아니면 아니 된다고 하는 말이다.
>
> "논과 밭을 개량함도 급무이지만 산을 개척하는 것은 창조이니까요. 자손 만대 먹을 만한 양식의 새 원천을 만든다는 것이니까요."
>
> 이렇게 말하는 안씨의 눈은 빛났다. 아이들도 있는 고로 아홉 시쯤 되어서 안씨 댁을 나왔는데 작별할 때에 안씨는,
>
> "언제 또 한 번, 이번엔 감자 만찬을 드리겠습니다."

(1) 안씨는 '나'의 가족을 만찬에 초대하여 옥수수로 만든 음식들을 선보이며 식량 문제에 관한 이야기를 합니다. 수입 농산물의 개방이 점점 확대되고 있는 지금, 쌀 수입에 대한 각자의 의견을 말해 봅시다.

----

(2) 위의 글에서 안씨는 새 양식을 개발하는 것의 중요성을 말하고 있습니다. 부족한 식량 문제를 해결할 수 있는 방안에는 어떤 것이 있을까요? 생각을 말해 봅시다.

〈베스트 논술 한국대표문학〉(전 60권) 목록

권별	작품	작가
1	무정 I	이광수
2	무정 II	이광수
3	무명 · 꿈 · 옥수수 · 할멈	이광수
4	감자 · 시골 황 서방 · 광화사 · 붉은 산 · 김연실전 외	김동인
5	발가락이 닮았다 · 왕부의 낙조 · 전제자 · 명문 외	김동인
6	배따라기 · 약한 자의 슬픔 · 광염 소나타 외	김동인
7	B사감과 러브레터 · 서투른 도적 · 술 권하는 사회 · 빈처 외	현진건
8	운수 좋은 날 · 까막잡기 · 연애의 청산 · 정조와 약가 외	현진건
9	벙어리 삼룡이 · 뽕 · 젊은이의 시절 · 행랑 자식 외	나도향
10	물레방아 · 꿈 · 계집 하인 · 별을 안거든 우지나 말 걸 외	나도향
11	상록수 I	심훈
12	상록수 II	심훈
13	탈춤 · 황공의 최후 / 적빈 · 꺼래이 · 혼명에서 외	심훈 / 백신애
14	태평 천하	채만식
15	레디메이드 인생 · 순공 있는 일요일 · 쑥국새 외	채만식
16	명일 · 미스터 방 · 민족의 죄인 · 병이 낫거든 외	채만식
17	동백꽃 · 산골 나그네 · 노다지 · 총각과 맹꽁이 외	김유정
18	금 따는 콩밭 · 봄봄 · 따라지 · 소낙비 · 만무방 외	김유정
19	백치 아다다 · 마부 · 병풍에 그린 닭이 · 신기루 외	계용묵
20	표본실의 청개구리 · 두 파산 · 이사 외 / 모범 경작생	염상섭 / 박영준
21	탈출기 · 홍염 · 고국 · 그믐밤 · 폭군 · 박돌의 죽음 외	최서해
22	메밀꽃 필 무렵 · 낙엽기 · 돈 · 석류 · 들 · 수탉 외	이효석
23	분녀 · 개살구 · 산 · 오리온과 능금 · 가을과 산양 외	이효석
24	무녀도 · 역마 · 까치 소리 · 화랑의 후예 · 등신불 외	김동리
25	하수도 공사 / 지맥 / 그 날의 햇빛은 · 갈가마귀 그 소리	박화성 / 최정희 / 손소희
26	지하촌 · 소금 · 원고료 이백 원 외 / 경희	강경애 / 나혜석
27	제3인간형 / 제일과 제일장 외 / 사랑 손님과 어머니 외	안수길 / 이무영 / 주요섭
28	날개 · 오감도 · 지주 회시 · 환시기 · 실화 · 권태 외	이상
29	봉별기 · 종생기 · 조춘점묘 · 지도의 암실 · 추등잡필	이상
30	화수분 외 / 김 강사와 T교수 · 창랑 정기 · 성황당	전영택 / 유진오 / 정비석

권별	작품	작가
31	민촌 / 해방 전후 · 달밤 외 / 과도기 · 강아지	이기영 / 이태준 / 한설야
32	소설가 구보씨의 일일 / 장삼이사 · 비오는 길 /	박태원 / 최명익
	석공 조합 대표 / 낙동강 · 농촌 사람들 · 저기압	송영 / 조명희
33	모래톱 이야기 · 사하촌 외 / 갯마을 / 혈맥 / 전황당인보기	김정한 / 오영수 / 김영수 / 정한숙
34	바비도 외 / 요한 시집 / 젊은 느티나무 외 / 실비명 외	김성한 / 장용학 / 강신재 / 김이석
35	잉여 인간 / 불꽃 / 꺼삐딴 리 · 사수 / 연기된 재판	손창섭 / 선우휘 / 전광용 / 유주현
36	탈향 외 / 수난 이대 외 / 유예 / 오발탄 외 / 4월의 끝	이호철/ 하근찬/ 오상원/ 이범선/ 한수산
37	총독의 소리 / 유형의 땅 / 세례 요한의 돌	최인훈 / 조정래 / 정을병
38	어둠의 혼 / 개미귀신 / 무진 기행 · 서울 1964년 겨울 외	김원일 / 이외수 / 김승옥
39	뫼비우스의 띠 / 악령 / 식구	조세희 / 김주영 / 박범신
	관촌 수필 / 기억 속의 들꽃 / 젊은 날의 초상	이문구 / 윤흥길 / 이문열
40	김소월 시집	김소월
41	윤동주 시집	윤동주
42	한용운 시집	한용운
43	한국 고전 시가와 수필	유리왕 외
44	한국 대표 수필선	김진섭 외
45	한국 대표 시조선	이규보 외
46	한국 대표 시선	최남선 외
47	혈의 누 · 모란봉	이인직
48	귀의 성	이인직
49	금수 회의록 · 공진회 / 추월색	안국선 / 최찬식
50	자유종 · 구마검 / 애국부인전 / 꿈하늘	이해조 / 장지연 / 신채호
51	삼국유사	일연
52	금오신화 / 홍길동전 / 임진록	김시습 / 허균 / 작자 미상
53	인현왕후전 / 계축일기	작자 미상
54	난중일기	이순신
55	흥부전 / 장화홍련전 / 토끼전 / 배비장전	작자 미상
56	춘향전 / 심청전 / 박씨전	작자 미상
57	구운몽 · 사씨 남정기	김만중
58	한중록	혜경궁 홍씨
59	열하일기	박지원
60	목민심서	정약용

〈베스트 논술 한국대표문학〉에 실린 소설과 교과서 대조표

*〈베스트 논술 한국대표문학〉에 실린 소설과 현행 국어·문학 18종 교과서의 수록 내용을 비교·분석하였다.

● 초등 학교 교과서(국어)

금오신화, 구운몽, 심청전,
흥부전, 토끼전, 박씨전,
장화홍련전, 홍길동전

● 국정 교과서

작품	작가	교과목
고향	현진건	고등 학교 문법
동백꽃	김유정	중학교 국어 2-1, 중학교 국어 3-1
벙어리 삼룡이	나도향	중학교 국어 1-1
봄봄	김유정	고등 학교 국어(상)
사랑 손님과 어머니	주요섭	중학교 국어 2-1
오발탄	이범선	중학교 국어 3-1
운수 좋은 날	현진건	중학교 국어 3-1

● 고등 학교 문학 교과서

작품	작품	출판사
감자	김동인	교학, 지학, 디딤돌, 상문
갯마을	오영수	문원, 형설
고향	현진건	두산, 지학, 청문, 중앙, 교학, 문원, 민중, 블랙, 디딤돌
관촌 수필	이문구	지학, 문원, 블랙
광염 소나타	김동인	천재, 태성

금 따는 콩밭	김유정	중앙
금수회의록	안국선	지학, 문원, 블랙, 교학, 대한, 태성, 청문, 디딤돌
김 강사와 T교수	유진오	중앙
까마귀	이태준	민중
꺼삐딴 리	전광용	지학, 중앙, 두산, 블랙, 디딤돌, 천재, 케이스
날개	이상	문원, 교학, 중앙, 민중, 천재, 형설, 청문, 태성, 케이스
논 이야기	채만식	두산, 상문, 중앙, 교학
닳아지는 살들	이호철	천재, 청문
동백꽃	김유정	금성, 두산, 블랙, 교학, 상문, 중앙, 지학, 태성, 형설, 디딤돌, 케이스
두 파산	염상섭	문원, 상문, 천재, 교학
등신불	김동리	중앙, 두산
만무방	김유정	민중, 천재, 두산
메밀꽃 필 무렵	이효석	금성, 상문, 중앙, 교학, 문원, 민중, 블랙, 디딤돌, 지학, 청문, 천재, 케이스
모래톱 이야기	김정한	디딤돌, 교학, 문원
모범경작생	박영준	중앙
뫼비우스의 띠	조세희	두산, 블랙
무녀도	김동리	천재, 지학, 청문, 금성, 문원, 민중, 케이스

작품	작가	출판사
무정	이광수	디딤돌, 금성, 두산, 교학, 한교
무진기행	김승옥	두산, 천재, 태성, 교학, 문원, 민중, 케이스
바비도	김성한	민중, 상문
배따라기	김동인	상문, 형설, 중앙
벙어리 삼룡이	나도향	민중
복덕방	이태준	블랙, 교학
봄봄	김유정	디딤돌, 문원
붉은 산	김동인	중앙
B사감과 러브레터	현진건	교학
사랑 손님과 어머니	주요섭	중앙, 디딤돌, 민중, 상문
사수	전광용	두산
사하촌	김정한	중앙, 문원, 민중
산	이효석	문원, 형설
서울, 1964년 겨울	김승옥	문원, 블랙, 천재, 교학, 지학, 중앙
성황당	정비석	형설
소설가 구보씨의 일일	박태원	중앙, 천재, 교학, 대한, 형설, 문원, 민중
수난 이대	하근찬	교학, 지학, 중앙, 문원, 민중, 디딤돌, 케이스
애국부인전	장지연	지학, 한교
어둠의 혼	김원일	천재
역마	김동리	교학, 두산, 천재, 태성, 형설, 상문, 디딤돌

작품	작가	출판사
역사	김승옥	중앙
오발탄	이범선	교학, 중앙, 금성, 두산
요한 시집	장용학	교학
운수 좋은 날	현진건	금성, 문원, 천재, 지학, 민중, 두산, 디딤돌, 케이스
유예	오상원	블랙, 천재, 중앙, 교학, 디딤돌, 민중
자유종	이해조	지학, 한교
장삼이사	최명익	천재
전황당인보기	정한숙	중앙
젊은 날의 초상	이문열	지학
젊은 느티나무	강신재	블랙, 중앙, 문원, 상문
제일과 제일장	이무영	중앙
치숙	채만식	문원, 청문, 중앙, 민중, 상문, 케이스
탈출기	최서해	형설, 두산, 민중
탈향	이호철	케이스
태평 천하	채만식	지학, 금성, 블랙, 교학, 형설, 태성, 디딤돌
표본실의 청개구리	염상섭	금성
학마을 사람들	이범선	민중
할머니의 죽음	현진건	중앙
해방 전후	이태준	천재
혈의 누	이인직	천재, 금성, 민중, 교학, 태성, 청문
홍염	최서해	상문, 지학, 금성, 두산, 케이스
화수분	전영택	태성, 중앙, 디딤돌, 블랙

베스트 논술 한국대표문학 ❸

무명

지은이 이광수
펴낸이 류성관
펴낸곳 SR&B(새로본닷컴)
주 소 서울특별시 마포구 망원동 463-2번지
전 화 02)333-5413
팩 스 02)333-5418
등 록 제10-2307호
인 쇄 만리 인쇄사

＊잘못 만들어진 책은 바꾸어 드립니다.